新发展格局下国有经济布局优化和结构调整研究

范　欣　著

中国财经出版传媒集团

经济科学出版社

Economic Science Press

图书在版编目（CIP）数据

新发展格局下国有经济布局优化和结构调整研究/
范欣著．－－北京：经济科学出版社，2023.3
ISBN 978－7－5218－4617－1

Ⅰ.①新… Ⅱ.①范… Ⅲ.①国有经济－经济布局－
战略性调整－研究－中国 Ⅳ.①F121.21

中国国家版本馆 CIP 数据核字（2023）第 045443 号

责任编辑：李一心
责任校对：徐　昕
责任印制：范　艳

新发展格局下国有经济布局优化和结构调整研究

范　欣　著

经济科学出版社出版、发行　新华书店经销

社址：北京市海淀区阜成路甲 28 号　邮编：100142

总编部电话：010－88191217　发行部电话：010－88191522

网址：www. esp. com. cn

电子邮箱：esp@ esp. com. cn

天猫网店：经济科学出版社旗舰店

网址：http://jjkxcbs. tmall. com

北京季蜂印刷有限公司印装

710×1000　16 开　14.75 印张　206000 字

2023 年 5 月第 1 版　2023 年 5 月第 1 次印刷

ISBN 978－7－5218－4617－1　定价：62.00 元

前言

　　面对百年未有之大变局加速演进、新一轮科技革命和产业变革深入发展、国际力量对比深刻调整、新冠肺炎疫情冲击下世界经济复苏乏力、中国经济进入新常态等现实情况，原有发展格局已难以满足我国高质量发展的要求。为解决我国经济发展中的不平衡不充分问题，改变外循环出口带动经济增长的发展模式，构建以国内大循环为主体、国内国际双循环相互促进的新发展格局成为实现经济高质量发展、将我国建设成为综合国力和国际影响力领先的社会主义现代化强国的必由之路。中国作为世界上国有企业数量最多、国有资本分布最广、国有资产规模最大的国家，国有经济一直是驱动中国经济高质量发展、构建双循环新发展格局、推进国家治理体系和治理能力现代化的中坚力量。《宪法》第七条规定："国有经济，即社会主义全民所有制经济，是国民经济中的主导力量。"进入新时代，如何巩固与发展国有经济更加受到重视，党的十九届五中全会审议通过的《中共中央关于制定国民经济和社会发展第十四个五年规划和二〇三五年远景目标的建议》明确指出，要"深化国资国企改革，做强做优做大国有资本和国有企业。加快国有经济布局优化和结构调整，发挥国有经济战略支撑作用"。党的二十大更是强调，要构建高水平社会主义市场经济体制，必须"深化国资国企改革，加快国有经济布局优化和结构调整，推动国有资本和国有企业做强做优做大，提升企业核心竞争力"。加快国有经济布局优化和结构调整，就要注重国有经济的空间布局和产业布局的优化与调整。事实上，在我国经济从高速度增长阶段转向高质量发展阶段的转变过程中，国有经济虽然经历了一系列的深化改革，但其高质量发展仍受到空间和产业布局方向不明晰、制度不完善、结构不合理、产业集中度偏低、运行效率亟待提升等关键问题的制约。为解决上述问题，本书立足于构建双循环新发展格局的重要战略机遇期，以国有企业和国有资本作为国有经济的主要表现形式，从国有经济的空间布局和产业布局入手，结合 2003～2020 年的《中国国有资产监督管理年鉴》相关数据以及从天眼查企业信息数据库（www. tianyancha. com）获取的 218.92 万条国有企业微观数据，采用定量和定性的方法深入剖析国有经济布局优化和结构调整的现实意义、历史逻辑、演变趋势和调整成效，并重点关注涉及战略性新兴产业和初级产品供应的国有经济的演变趋势和调整成效。研究发现，经过对国有企业和国有资本的持续调整，国有经济的空间布局和产业结构优化效果明显，战略性新兴产业和初级产品供应业实现超高速发展，但仍存在空间布局非均衡性明显、产业布局不协调问题突出、总体布局调整趋于固化、效率与规模不匹配、战略性新兴产业发展趋同性明显、实体经济虚拟经济发展失衡、初级产品保障能力欠缺等问题。进入新发展阶段，检视国有经济空间布局和结构调整成效，科学评估和合理预判未来发展面临的挑战，对于破解如何构建和完善新发展格局、引领社会主义市场经济健康稳定发展、助推国家区域协调发展战略、应对国际格局演变过程中的全球产业链重组、增进民生福祉、实现第二个百年奋斗目标具有重要意义。本书主要内容如下：

第 1 章，介绍国有经济布局优化和结构调整之于新发展格局在引领社会主义市场经济稳定健康发展、助推国家区域协调发展、应对全球产业链重组以及增进民生福祉等方面的重要性；第 2 章，在详细梳理新中国成立以来国有经济改革历史脉络的基础上，深入分析西方主流经济学与马克思主义政治经济学关于产业转移思想的异同，提炼中国国有经济布局优化和结构调整的理论逻辑、历史逻辑以及实践逻辑；

第3章，从细分行业、产业、区域角度分析梳理了 2003～2020 年我国 280 个地级市国有经济空间及产业布局的演变趋势及调整成效，并指出我国国有经济空间和产业布局的现存问题；第 4 章，着重关注新发展阶段下国有经济布局优化和结构调整之于战略性新兴产业的内在逻辑，细分行业、产业、区域的显著特征以及其发展的战略方向；第 5 章，着重关注新发展阶段下国有经济布局优化和结构调整之于初级产品供应业的内在逻辑，细分行业、产业、区域的显著特征以及其发展的战略方向；第 6 章，分析国有经济在产业链中所处的位置及发挥的作用，并采用定量分析方法实证检验国有经济产业布局结构调整对产业自身发展以及上下游产业发展的影响；第 7 章，总结全书主要观点并提出相应政策建议。

目 录

第 1 章

国有经济布局优化和结构调整之于新发展格局的重要性

党的二十大指出，构建新发展格局和建设现代化经济体系，是我国处于全面建设社会主义现代化强国开局起步关键时期的主要目标任务。构建新发展格局的关键在于经济循环的畅通无阻，构建新发展格局最本质的特征是实现高水平的自立自强，必须更强调自主创新[①]。实现经济循环的畅通无阻，需要连续不断地实现社会再生产过程，保证经济持续增长和经济结构不断优化（黄群慧，2021），需要通过建立健全健康稳定的社会主义市场经济体制和集约高效的现代产业体系、实施协调平衡的区域发展战略、打造美好富裕的人民生活环境，推动经济实现质的有效提升和量的合理增长。国有经济是国民经济的主导力量，通过国有经济布局优化和结构调整，政府可以将国有资本有效配置到构建新发展格局和建设现代化经济体系的发展目标上，从而协调经济健康发展并提升国家整体创新能力。

[①] 《习近平在省部级主要领导干部学习贯彻党的十九届五中全会精神专题研讨班开班式上发表重要讲话》，新华网，2022 年 1 月 11 日，http://www.news.cn/politics/2022-01/11/c_1128253361.htm。

1.1 国有经济布局优化和结构调整引领社会主义市场经济稳定健康发展

国有经济在面对诸如经济衰退、外部经济环境变化等危机时，通常起到熨平经济波动、稳定经济增长的压舱石作用，是"推进国家现代化、保障人民共同利益的重要力量"[①]。改革开放以来，我国经济在由计划经济转为市场经济的动态调整过程中实现了高速稳定增长，这一成就正是得益于国有经济宏观调控职能的发挥。当经济进入衰退期时，国有经济投资会表现出逆势上升的逆周期性，以应对非国有经济投资的大幅波动（郭婧和马光荣，2019），并发挥自身的控制力，通过自然垄断等方式对自身所处的上游产业和基础产业进行适当控制，对下游产业大幅放开竞争，实现上下游产业、国有经济和民营经济的"正外部性"循环（黄昕和平新乔，2020），引导社会主义市场经济健康稳定发展。但不可否认的是，进入经济体制转轨期后，我国经济高速增长过程中伴随着的过度投资与产能过剩（林毅夫，2010）、全要素生产率增长速度逐步放缓、投资回报率大幅下降等现实问题都制约了中国经济持续增长潜力的发挥。而国有经济的过度投资，以及其相较于民营经济的低效率和低盈利能力会对经济增长产生"直接抑制"和"间接拖累"两种影响，被认为是经济发展方式转变过程中需要解决的重要问题（Ehrlich et al.，1994；刘瑞明和石磊，2010）。鉴于国有经济在经济稳定健康发展中的重要作用以及其自身存在的弊端，进一步优化国有经济布局和调整国有经济结构，增强国有经济竞争力、创新力、控制力、影响力、抗风险能力，成为增强国有经济对经济发展的推动力、支撑我国经济长期高质量发展的必然要求。

[①] 中央文献研究室：《十八大以来重要文献选编（上）》，中央文献出版社 2014 年版，第 532 页。

1.1.1　国有经济布局优化和结构调整促进国有经济高质量发展

国有经济可以在经济衰退时发挥逆周期职能，起到稳定经济增长的压舱石作用，主要得益于国有经济从竞争性领域退出并主要居于垄断性行业，而非依托于国有经济自身效率的提升。从行业类型看，国有经济主要分布在实体制造业领域的上游行业中，构成了我国的工业基础，对于其他行业有很强的溢出效应，国有经济的发展水平在很大程度上决定了整体国民经济的质量（洪银兴和桂林，2021）。然而在国民经济发展的过程中，受制于体制机制惯性，国有经济往往承担了较多的社会责任和政治责任，地方政府带来的政策性负担加之政府对国有经济的资本、技术和资源倾斜以及政策偏向，致使国有经济盈利能力、竞争能力和应对风险的能力整体偏弱，国有经济相较民营经济效率较为低下已成为不争的事实。国有经济自身效率较低，又占用了大量的生产要素，这使得资源配置效率降低，从而直接降低了整体的生产效率，对经济增长产生了"直接抑制效应"。因此实现国有经济自身效率的提升，才能实现国有资本逐步壮大、国有企业做强做优做大的目标，最大限度发挥国有经济稳定经济增长的职能。当前以调节国有经济在国民经济中的比重及在关键产业领域的分布、调整中央和地方企业区域格局、完善企业持股比例分配及企业组织规模选择为主要抓手的国有经济布局优化和结构调整改革，有利于发挥国有经济自身优势，解决国有资本过于分散的问题，使国有资本向关乎国民经济命脉部门的薄弱领域集中，改变传统经济增长模式下国有企业空间和产业布局呈现的大而不优的状态。

1.1.2　国有经济布局优化和结构调整带动民营经济发展

虽然国有经济的上游垄断力量会对下游产业产生"正外部性"，即通过为下游企业提供成本更低、质量更高的生产资料，拓展下游企业的利润空间，推动上下游企业协调发展从而维持经济稳定增长，但国有经济的上游垄断强度一旦超过了既定范围，亦会对高效率非国有经济产生挤出效应，降低资源配置效率并阻碍整体技术进步，最终对社会主义市场经济的稳定发展造成"间接拖累效应"。所谓"间接拖累效应"，是指除自身的效率损失之外，国有企业还会阻碍民营企业的发展，进而对整体的经济增长产生间接拖累效应。正如刘瑞明和石磊（2010）的研究所指出的，在市场经济转型时期，由于政府对国有企业存在预算软约束条件，国有企业不仅会通过自身的效率损失阻碍经济增长，还会通过预算软约束和金融抑制的形式拖累民营企业发展，进而损害整体的经济增长。因此，通过兼并重组以及吸收合并等资本运作方式合理调整国有经济的产业布局，可以确立市场竞争机制在上游行业的决定性地位，构建以国有经济为核心的产业集群，加快推进国有经济从低效率、产能过剩行业退出。一方面可以通过国有经济的迅速发展为民营企业赋能，有助于改善产业竞争格局，构建国有企业和民营企业良性互动的格局，促进行业良性健康发展，这是根治国有经济"间接拖累效应"的必要条件；另一方面也可以将国有经济退出的竞争性领域让渡给效率更高的民营企业经营，为民营企业提供更大的发展空间，提高国民经济的整体效益。

1.2 国有经济布局优化和结构调整助推国家区域协调发展

新时代以来，我国经济虽由高速度增长阶段进入高质量发展阶段，但在外部经济秩序变化和内部经济结构调整的双重作用下，各区域间发展不平衡的状况仍未得到妥善解决，"三大地带"发展差距扩大问题仍然突出，且沿海地区与内陆地区的发展差距再次扩大。在新发展阶段，如何处理好区域发展差距和区域协调发展的关系，使之服务于构建新发展格局的需要，是当前以及未来一段时间内需要着重解决的议题（孙久文和张皓，2021）。面对新形势、新变化，我国对区域协调发展战略进行了全新调整。2020 年通过的《中共中央关于制定国民经济和社会发展第十四个五年规划和二〇三五年远景目标的建议》指出，"十四五"时期我国的区域发展战略应以"推动西部大开发形成新格局，推动东北振兴取得新突破，促进中部地区加快崛起，鼓励东部地区加快推进现代化"和"推进京津冀协同发展、长江经济带发展、粤港澳大湾区建设、长三角一体化发展，打造创新平台和新增长极"为主要抓手。同年，中央财经委员会第六次会议强调，"要把握好黄河流域生态保护和高质量发展的原则""推动成渝地区双城经济圈建设，在西部形成高质量发展的重要增长极"。① 党的二十大报告更是指出要"深入实施区域协调发展战略、区域重大战略、主体功能区战略、新型城镇化战略，优化重大生产力布局，构建优势互补、高质量发展的区域经济布局和国土空间体系"。区域协调发展战略的实施需要以产业空间布局的调整为依托，但民营企业在进行空间布局调整时往往以利润最大化和成本最小化为目标，而经济欠发达地区难以为民营企业配套相应的基础设施以及政策优惠，使民营企业从发达地区迁出以及在欠发达地区新建子公司的激励不足。事实上，在西部大开发、东北振兴等区域协调战略的实施过程中，国有资本都是先行资本（洪银兴和桂林，2021），因此必须强调国有经济布局优化和结构调整对区域经济发展的牵引作用。

1.2.1 国有经济布局优化和结构调整有利于东南沿海地区及中心城市产业结构优化

根据"新"新经济地理学理论，企业的区位选择和迁移过程中存

---

① 《习近平主持召开中央财经委员会第六次会议强调 抓好黄河流域生态保护和高质量发展 大力推动成渝地区双城经济圈建设》，载于《人民日报》2020 年 1 月 4 日，第 1 版。

在基于效率差异的空间选择效应（Asplund and Nocke，2006），高效率企业会自动选择集聚于核心地区，相反低效率企业则集聚于边缘地区（Melitz，2003；Baldwin and Okubo，2006）。但受计划经济时代指令性计划主导的国有经济空间和产业布局影响，大批"低效低能"国有企业至今位于我国的东南沿海地区及中心城市，并广泛分布于国民经济中的各个行业。据统计，截至 2020 年东部地区仍占有超过 50% 的国有企业和国有资产①，行业类型从自然垄断延伸到完全竞争、从纯公共物品延伸到私人消费品，甚至在一些民营经济成分居于绝对主导地位的纺织、印刷等领域，国有企业和国有资本也占据一席之地（白让让，2016）。这些国有企业依靠国家的政策优惠及资源倾斜，长期占据着所在城市有限的发展资源。这种布局严重偏离了战略性结构调整的要求，随着东南沿海地区及中心城市的快速发展，这些"低效低能"的国有企业显然已经不适应这些城市发展的需要。面对日益趋紧的承载能力约束，将高能耗、高污染、占地大、附加值低的落后产能撤出，可以降低转出地的单位能耗（Zhao and Yin，2011），为发展战略性新兴产业与现代服务业提供更大空间，从而带动转出地经济增长（Henderson et al.，2002；Kirkegaard，2008），加快东部地区现代化建设，推进京津冀协同发展。

1.2.2　国有经济布局优化和结构调整有利于发挥企业集聚效应，进而拉动中西部地区实现经济跨越式发展

与东南沿海地区及中心城市相比，我国中西部地区具有更多的自然资源禀赋和劳动力成本优势，再加之交通可达性提高带来的运输成本下降以及政府出台的大量政策优惠和补贴等，我国的制造业及相关产业应该向中西部地区集聚。然而现实情况却是，制造业并未出现由东南沿海地区向中西部地区的大规模转移，大型集聚中心仍鲜见于中

---

① 统计数据来自《中国国有资产监督管理年鉴》。

西部地区（韩峰和柯善咨，2012）。中西部地区企业在空间布局上高度分散，不利于形成专业化生产、社会协作体系和规模经济，很大程度上制约了集聚经济规模优势的发挥。而通过将部分东南沿海地区及中心城市的国有企业迁入中西部地区，或者在中西部地区建立子公司，一方面有利于使与该企业具有投入产出关系的企业向该企业周边集聚（范剑勇等，2021），从而提高本地市场活力和区域竞争力，带动区域产业升级和经济增长；另一方面也有利于迁入企业获得更多比较优势所带来的规模经济和专业化经济（Grossman and Helpman，1990）。我国国有经济产业链布局虽有曲折，但上游度已从 2000 年的 3.18 上升至 2019 年的 3.43[①]，总体仍呈现向上游行业集中的趋势。向国有企业周边集聚不仅可以降低投入品的运输成本，也可以通过吸收国有企业的技术创新溢出促进自身企业的发展（杨红丽和陈钊，2015）。同时，上游国有经济自身也会从中受益，共享下游企业快速发展带来的红利，实现国有经济与民营经济、上游产业与下游产业的联动协同发展，从而推动中西部地区的经济整体发展水平提升。

1.3　国有经济布局优化和结构调整应对全球产业链重组

　　面对新冠肺炎疫情的冲击和复杂多变的国际局势，单边主义、保护主义的势头明显上升。以美国为首的发达国家经济复苏乏力，为促进自身经济发展并制约他国经济发展，部分发达国家出台了大量贸易保护措施，通过增加关税和非关税贸易壁垒，加强对本国产业的保护。以美国、日本和德国为首的国家更是不断推行制造业回流政策，通过出台费用抵扣、追加预算方案，鼓励将位于中国的本国企业回迁或资助企业将生产转移到其他国家。这种"逆全球化""去中国化"的政

---

　　① 上游度数值来自本书后文测算。

府干预，严重破坏了现行成熟的贸易分工格局与全球产业链的安全稳定态势（王静，2021），导致全球产业链供应链的区域化、本土化、分散化趋势不断加剧。一方面，逐步增加的关税和非关税贸易壁垒导致我国企业跨境发展受限；另一方面，部分国家的企业回迁又增大了我国的产业链缺失的潜在风险。习近平同志强调"构建新发展格局最本质的特征是实现高水平的自立自强"①，在此背景下，要实现我国经济的平稳可持续发展，保持产业链条与构建以国内大循环为主体、国内国际双循环相互促进的新发展格局的适配性，就必须积极发挥国有经济的宏观调控职能，补齐我国产业链的短板，将产品市场逐步向国内市场深耕，打造更加自主可控、安全可靠的闭环产业链，推进产业基础高级化，提升产业链供应链现代化水平，熨平全球产业链重组带来的不利影响。从内涵来看，产业链现代化具有多个维度（刘志彪，2019）。在创新层面，产业链现代化要求产业技术创新达到世界先进水平，在关键环节具有自主可控的核心技术；在产业关联层面，产业链现代化要求产业上下游企业间深度分工和高度协同；在价值创造层面，产业链现代化要求相关支柱产业迈上全球价值链中高端。国有经济产业布局调整在推动我国产业链现代化过程中发挥了重要作用。

1.3.1 通过国有经济布局优化和结构调整使内循环成为促进我国产业链集群成长的强大动力

一直以来，我国产业链循环的基本特征表现为"两头在外，大进大出"，即将大量自国外进口的原材料和专业化设备加工组装为最终消费品后再销往国际市场。身处百年未有之大变局，我国企业的跨境发展受限已是不争的事实，这种外向型的经济发展战略已不再适应我国经济的发展需要。确保经济平稳较快发展，必须强调内需拉动的作用，

---

① 习近平：《把握新发展阶段，贯彻新发展理念，构建新发展格局》，载于《求是》2021 年第 9 期。

形成畅通的国内大循环，充分发挥社会主义制度优势，促进企业在国内的全面发展。而社会主义的制度优势就在于集中力量办大事的能力，一是在创新层面，国有经济在行业共性技术上发挥独特作用（李政和周希祯，2022），逐渐向战略性新兴产业布局，产业创新水平大幅提高；二是在产业上下游关联层面，国有经济上游布局推动了产业链上下游协同发展，上游产业的过剩产能可以为下游产业提供大量廉价的中间投入品，为下游民营经济的发展提供重要的战略支撑。我国致力于通过区域产业政策、财政税收政策和信贷政策来限制和引导国有企业的区位选择，在中西部地区兴建国有企业的分支机构及子公司，将位于东南沿海地区的国有资本逐步向中西部地区投资迁移，调整本地国有经济的产业布局，旨在形成贯穿东中西部的国内产业链布局，构建国内统一的市场体系，通过产业链内部循环的畅通，形成以集聚产业区和产业集群等为特色、以城市群和都市圈等为主要表现形式的经济空间集聚，有效提升集聚区内企业的生产效率（Helsley and Strange，2007），使内循环成为促进我国产业链集群成长的强大动力。

1.3.2　通过国有经济布局优化和结构调整增强国有企业在产业链和供应链中的供给能力和保障能力

受自身供给能力以及改革开放初期生产力发展水平的限制，我国在建设产业链的过程中承接了大量发达国家的产业转移，致使我国企业对于发达国家的"高精尖"产业链产生了不同程度的依赖，依附于外资企业产生了大量的关联产业。自美国贸易清单发布以来，在华外资企业受到巨大影响，改革开放以来在我国建立起的美、日、欧企业的供应链面临被打出中国的风险（刘志彪等，2020），发达国家提供的企业回迁优惠政策又为这些企业迁回母国提供了政策激励。近年来，双边关系进一步恶化，贸易摩擦进一步升级，必须对可能随时迁离中国的处于各地区产业链核心环节的外资企业进行备份。"十四五"时期，国有经济将利用自身雄厚的资金基础及人才存量，加大在关键核心技术"卡脖子"领域和产业薄弱环节的攻关力度，积极参与产业链和供应链的短板环节或缺失环节，增强国有企业在产业链和供应链中的供给能力和保障能力，在产业链、供应链重要环节打造龙头企业，确保以内循环为主的经济发展运行顺畅（金晓燕等，2021），同时在战略性新兴技术和产业前沿领域加快布局，以增强我国产业链的韧性，终止对外资企业的依赖，使一些关键行业领域中的国有企业逐渐成为世界一流企业。

1.4 国有经济布局优化和结构调整增进民生福祉

国有企业作为承载国家战略布局、宏观调控和经济发展政策的行为主体，始终代表最广大人民的利益。"做强做优做大"国有企业并非国有企业改革发展的最终目标，国企改革是为了更好地增进民生福祉，让全民共享改革发展成果。早在 2013 年 11 月召开的党的十八届三中全会上，习近平总书记就强调要"划转部分国有资本充实社会保障基金。完善国有资本经营预算制度，提高国有资本收益上缴公共财政比例，2020 年提高到 30%，相关资金更多用于保障和改善民生"；2015 年 10 月党的十八届五中全会中，习近平总书记再次强调"划转部分国有资本充实社保基金"，按照 2017 年国务院印发《划转部分国有资本充实社保基金实施方案》的要求，基本养老保险划转比例统一为企业国有股权的 10%，严格实施将一定比例的上缴利润充实养老金、社保基金账户，避免"先征后返"现象，使广大公众真正享受国企发展的"红利"。2019 年 7 月的国务院政策例行吹风会上，财政部资产管理司介绍，近期将对 35 家中央管理企业实施国有资本划转充实社保，预计中央层面 59 家企业划转国有资本总额在 6600 亿元左右。这是国有经济保障全体人民利益的体现，是对民生工作的推进，有利于促进人的全面发展和共同富裕，也为国民经济的整体发展提供了更加稳定的外部环境。

1.4.1　国有经济布局优化和结构调整有利于提高承接地的社会福利水平

新建、迁入的国有企业及国有资本会对迁入地产生劳动力蓄水池效应、为迁入地提供更多的公共服务资源。从劳动力蓄水池效应来看，国有企业数量的上升一方面会为承接地带来大量的就业机会（Dewenter and Malatesta，2001；曾庆生和陈信元，2006），提供更为稳定的就业环境和更完善的员工福利保障体系；另一方面其带动的相关产业集群的发展也会为形成大规模的劳动市场提供条件，使处于同一产业集群中的企业能根据产品市场需求的变化便捷地获得所需的劳动力，而技术工人也可在较大的劳动市场中更便利地找到与自己技能相匹配的专业工作，大大降低了企业和工人双方的搜寻成本，提高了经济整体运行效率（Ciccone and Hall，1996；Brülhart and Mathys，2008）；从公共服务资源的提供上看，国有企业主要聚焦于关系国家安全、国民经济命脉和国计民生的重要行业和关键领域、重点基础设施建设领域，新进入的国有企业将会在养老、旅游、教育、文化、科技金融等领域不断提高参与度，并将资源更多地投入初级产品供应业、先进制造业和战略性新兴产业之中，因此其迁入将会为迁入地提供民营企业不愿提供的公共服务资源，起到稳市场、保供给的作用，增进社会福利水平。

1.4.2　国有经济布局优化和结构调整有利于提高社会总体福利水平

由于城市的容纳空间是有限的，不强调城市功能分工盲目发展，势必造成城市功能的失调。过多的城市功能集聚容易造成人口规模过大，进而增加城市的生产和流通费用，加剧交通拥堵、高房价、上学与就医难、环境污染等城市问题。从表面上看这些问题是人口过多带来的，但从深层次上看主要是由于城市功能过多，尤其是非核心功能承担过多造成的，因此必须推进这些城市的国有经济战略性退出一般性产业。国有企业应该专注于公益类和商业类领域，除特殊功能类、战略类、新兴产业类等行业领域保持国有资本占有一定比例外，其他大部分行业的国有资本都应按照重要性原则有秩序地收缩乃至退出，进一步推进国有经济的结构调整与布局优化（胡迟，2018）。虽然从短期来看，国有经济的退出和收缩会减少所在地的税收和就业，增大当地财政压力，但从长期来看，退出和迁出的国有企业大多是与本地经济发展模式不匹配或与城市发展战略目标不相符的企业，这些企业的退出和迁出对城市发展具有积极作用。首先，这些企业的退出和迁出有利于从空间、产业、环境等方面解决"城市病"问题，倒逼城市发展方式转变，使其从依靠生产要素的大量投入转为依靠技术创新；其次，国有企业的退出和迁出会使区域功能分工更加合理，各区域的比较优势得到进一步发挥；最后，国有企业的退出和迁出也会为迁出地的民营企业腾出发展空间，有利于迁出地市场机制的发挥，打破国有企业的行业垄断，解决重复建设、恶性竞争问题，构建更加完善的市场体系，为城市发展注入新的活力。

第 2 章

国有经济布局优化和结构
调整的政治经济学分析

国有经济作为生产资料公有制的重要表现形式，其根本目的是解决生产社会化和生产资料资本主义私有制的基本矛盾，让全体劳动者平等占有社会生产资料，使生产关系更加适合生产力的社会化性质，走社会主义道路，更好实现人的全面发展和全民共同富裕。截至目前，学界不乏关于国有经济改革的优秀政治经济学研究以及关于国有经济布局优化和结构调整方向、原则、思路与对策的研究，但对于国有经济布局优化和结构调整的政治经济学理论基础却没有进行充分讨论（陈东琪等，2015；黄群慧，2020；李红娟和刘现伟，2020）。有鉴于此，本章在详细梳理新中国成立以来国有经济改革历史脉络的基础上，深入分析西方主流经济学与马克思主义政治经济学关于产业转移思想的异同，提炼中国国有经济布局优化和结构调整的理论逻辑、历史逻辑以及实践逻辑，以期对中国特色社会主义政治经济学体系中有关国有经济布局优化和结构调整的理论探索形成更加准确的认识和判断。

2.1 国有经济布局优化和结构调整的理论逻辑

我国国有经济布局优化和结构调整在很大程度上就是在国有经济改革的探索中不断深化对社会主义市场经济规律认识的过程，实际上体现为市场规律作用下产业自发转移的动态优化过程和有为政府统筹下政府布局生产力的主动选择的有机结合。

2.1.1 国有经济布局优化和结构调整体现为产业自发转移的动态优化过程

国有经济布局优化和结构调整表现为各区域、产业中国有经济横纵布局深度、广度的调整与优化，主要通过产业在区域间的转移实现。产业转移的微观主体是企业自身，产业转移是产业布局优化和结构调整的载体，国有经济作为特殊的企业群体，其结构优化和布局调整必然遵循一般企业的特征，体现为市场规律作用下产业自发转移的动态优化过程。

自日本学者赤松要（Akamatsu，1962）将工业革命之后亚洲各经济体，尤其是日本作为研究对象，根据这些经济体与先进国家在贸易过程中的相互作用提出的基于比较优势理论的"雁阵模式"以来，以雷蒙德·弗农（Vernon，1966）和小岛清（Kojima，2000）等为代表的学者在继承和发扬"雁阵模式"的过程中，逐渐形成了包括产品生命周期理论、边际产业转移理论等在内的，强调发达地区生产成本持续上升诱发产业逐次向低成本地区转移的较为完善的区域产业转移理论。与此同时，在经济全球化背景下，新经济地理学派进一步丰富了产业转移理论，形成了两个主要的理论体系，强调运输成本、市场潜力和产业关联对产业区位的影响。一部分学者认为企业倾向于向具有相同属性的先导企业的周边转移（Devereux and Griffith，1998；Head and Ries，1999）；另一部分学者认为企业倾向于向需求较大的地区集聚，实现规模经济、降低运输成本为产业转移提供了动力，而运输成本和不完全竞争又通过产业关联决定了产业的集聚和分化（Krugman，1991；Fujita et al.，1999）。此后，有学者在整合两派观点的基础上，突出强调了市场潜力对于产业转移的重要作用，认为企业在选址过程中更愿意选择有市场的地方（Head and Mayer，2004；Hanson，2005）。

新经济地理学的产业选择理论集中在中观层面，假设产业内任何企业的区位选择在同一区位条件和市场环境下是一致的，但是在现实环境中，由于企业具有异质性，即使在同一条件下，不同企业的区位选择也具有差异性（席强敏，2018）。为深入研究产业转移中的企业异质性问题，有学者从企业的生产率差异角度切入，研究企业的区位选择行为，认为区域政策会诱导生产率高的企业向核心区域转移，而生产率低的企业则向外围地区转移（Melitz，2003；Baldwin and Okubo，2006）。纵观西方经济学产业转移理论的发展脉络，从雁形转移理论到产品生命周期理论、边际产业扩张理论再到新经济地理理论对产业转移的动因的探讨，各类理论均基于产业要素在市场规律作用下，为追求利益最大化，借助自身比较优势，通过迁移或者跨区域建立子公司的方式，进行的自发的动态优化和再配置过程。马克思经济学中的产业转移理论与西方经济学有一定的相似之处，同样认同产业为追求利润进行自发转移这一观点，但相较于西方经济学出于对资本主义制度维护的探讨，马克思的产业转移理论从劳动价值论出发，更深刻地触及了产业转移的实质，揭示了资本主义制度必将为社会主义制度取代这一内在结果。

事实上，马克思也较早地对产业转移现象进行了研究。马克思将产业定义为"任何按资本主义方式经营的生产部门"[①]，指出："资本价值在它的流通阶段所采取的两种形式，是货币资本的形式和商品资本的形式；它属于生产阶段的形式，是生产资本的形式。在总循环过程中采取而又抛弃这些形式并在一个形式中执行相应职能的资本，就是产业资本。"[②] 产业作为资本的表现形式，其转移的本质是资本为追求高额利润、获得价值增殖进行的自发跨部门跨区域流动与再配置，进而导致产业区位重新选择。在国有经济的布局优化和结构调整中，产业转移既表现为国有企业跨区域的整体迁移，也表现为国有资本跨区域跨部门的新加投资。从马克思的劳动价值论出发，我们可以窥见

---

①②　马克思：《资本论》第 2 卷，人民出版社 2004 年版，第 63 页。

产业转移的实质：伴随生产力的发展和分工形态的演化，机械大工业的兴起使劳动生产率和资本有机构成不断提高，其结果是使部门内部生产同一商品所必需的社会必要劳动时间缩短，过剩资本不断增加以及利润率不断下降，"在劳动剥削程度不变甚至提高的情况下，剩余价值率会表现为一个不断下降的一般利润率"①。为加速资本积累、追逐高额利润，资本逐利、积累、流动和扩张的天性开始驱动其在市场范围内寻求回报率尽可能高的投资场所，以至于"不断地从一个产业部门向另一个产业部门流入或流出"②。资本的跨部门流动通常是与资本在不同区域间的再配置同时进行的。一旦资本在本地的盈利空间缩小甚至是消失，资本就开始突破空间的限制寻找新的市场，"资本越发展，从而资本借以流通的市场，构成资本流通空间道路的市场越扩大，资本同时也就越是力求在空间上更加扩大市场，力求用时间去更多地消灭空间"③。而城市分工的不断深化和城市间联系的不断加强则为资本在产业部门间的流入和流出提供了空间载体，正如马克思和恩格斯所论述的那样，"城市彼此建立了联系，新的劳动工具从一个城市运往另一个城市，生产和交往之间的分工随即引起了各城市之间在生产上的新的分工，不久每一个城市都设立一个占优势的工业部门"④，跨部门跨区域的产业转移由此形成。

2.1.2　国有经济布局优化和结构调整表现为政府布局生产力的主动选择

本质上讲，政府是国有经济的拥有者，国有经济的空间布局优化和结构调整并不能说是完全的市场规律作用下的自发行为，其背后隐藏着强大的政府背景，其行为方式具有明显的行政命令特征，表现为

---

① 马克思：《资本论》第 3 卷，人民出版社 2004 年版，第 237 页。
② 《马克思恩格斯文集》第 1 卷，人民出版社 2009 年版，第 720 页。
③ 《马克思恩格斯文集》第 8 卷，人民出版社 2009 年版，第 169 页。
④ 《马克思恩格斯文集》第 1 卷，人民出版社 2009 年版，第 559 页。

偏离比较优势理论的政府布局生产力的主动选择。

　　国有经济布局优化和结构调整之所以需要政府的干预，其理论基础在于马克思所揭示的资本一般规律。在资本主义社会，资本的具体形式是私人资本，其"资本至上"的价值取向与目标追求使资本的部门间转移必将伴随着激烈的市场份额竞争，进而导致产业转移过程中如下矛盾的产生：第一，资本家会"竭力设法扩大分工和增加机器，并尽可能大规模地使用机器"①。机器的大量投入排挤了生产中的产业工人，这使得市场中存在一大批相对过剩人口，产业后备军的存在加强了劳动力市场竞争，强化了资本剥削。第二，城市之间的不合理分工亦会加剧城市之间的发展矛盾。正如恩格斯所说，"城市越大，定居到这里就越有利，因为这里有铁路、运河和公路；挑选熟练工人的机会越来越多；由于附近的建筑业主和机器制造厂主之间的竞争，在这种地方开办新企业就比偏远地区花费要少"②，从而造成中心城市不断发展，相对落后的城市被排挤在发展体系之外的矛盾，"只是环绕着一些地方中心按照省区结合成利益集团，因而造成政治上的四分五裂"③。第三，在利润率下降规律的作用下，资本家为实现价值增殖，不得不追加投资，但当追加的投资达到一定限度后，又会进一步引起利润率的下降，资本积累的这一内在矛盾一方面迫使单个资本家不得不转为依赖生息资本以满足对追加资本的需要，另一方面迫使达不到预付资本最低限额的大量分散的中小资本会更倾向于投入对固定资本需求更少、投资周期更短和投资风险更低的虚拟经济领域（魏旭和谭晶，2016）。这加剧了实体经济与金融领域的分离，形成经济的"脱实向虚"倾向以及产业结构的空心化趋向。如果不加以限制，资本的无节制扩张必将导致这些矛盾"加倍疯狂地搬到社会中来"④，给整个经济体系带来巨大的干扰和风险。这就是马克思的产业转移理论不同于西

---

① 《马克思恩格斯文集》第 1 卷，人民出版社 2009 年版，第 736 页。
② 《马克思恩格斯文集》第 1 卷，人民出版社 2009 年版，第 406～407 页。
③ 《马克思恩格斯文集》第 2 卷，人民出版社 2009 年版，第 222 页。
④ 《马克思恩格斯文集》第 3 卷，人民出版社 2009 年版，第 554 页。

方经济学之处，他窥见了隐藏在产业资本自发转移背后的巨大矛盾，揭示了借助政府力量主导产业资本流动的必要性。

西方经济学虽同样强调政府干预的重要作用，但其主要论据是以保罗·萨缪尔森为代表的新古典学派提出的市场失灵、市场缺陷说，凯恩斯所强调的由于边际消费倾向递减、资本边际效用递减以及流动性偏好规律作用导致有效需求不足的观点以及新凯恩斯主义所主张的针对不完全市场的适当的政府干预。但资本主义的宏观调控从根本上说，"国家是作为资产阶级的联合力量发挥作用的"（本·法因等，1993），其服务于资本利益的政府往往是被动滞后的，从资本主义国家交替往复的经济危机中就可以窥见，资本运动的根本矛盾并不可能在这种被动处理政府和市场关系中得以缓解，"各个派别的马克思主义者都认为，由于危机是根植于资本主义的结构性框架的，所以，不论是加强政府干预（如凯恩斯主义所主张），还是没有政府干预（如新自由主义所主张），危机都是不可避免的"（Vlachou and Christou，1999）。社会主义社会的资本不同于资本主义生产方式下的资本，公有资本作为社会主义的主导力量，以满足最广大人民的根本利益为出发点和落脚点，"政府在经济社会中的作用、在资源配置中的作用，不能弱于而只能强于当代资本主义国家"（卫兴华和闫盼，2014）。这就客观要求社会主义国家高度重视产业转移过程中的政府作用，"国家终究不得不承担起对生产的领导"，以整体经济发展为出发点，遵循市场规律，通过政策和制度安排等战略手段，改变以比较优势原则为基础的产业转移战略。国有经济作为公有资本的外在表现，其主导作用在生产力上体现为国有经济在整个国民经济中的控制力，保证国民经济的持续协调健康发展（张宇，2017），因此必然成为破解产业自发转移过程中伴随的相对过剩人口、区域发展不协调以及经济"脱实向虚"矛盾的重要工具。通过对国有经济的布局优化和结构调整，"把特殊生产部门固定在一个国家的特殊地区的地域分工，由于利用各种特点的工场手工业生产的出现，获得了新的推动力"。① 释放国有经济对国民经济的强大示范引领和战略支撑作用，弥补产业自发转移的盲目性和逐利性，推动产业布局体系完善和国民经济合理有序发展。国家对国有经济布局优化和结构调整的干预绝不是对"自然秩序"的否定，而是"资本主义发展的'自然果实'"②。

2.1.3　国有经济布局优化和结构调整是对社会主义市场经济规律认识不断深化的体现

在从高度集中的计划经济向充满活力的社会主义市场经济转型的体制转轨过程中，中国成功开辟了一条符合自身国情的政府作用与市场作用相结合的渐进式发展道路，国有经济从计划经济体制的重要支柱到经济体制改革中心环节的主要对象，实现了从主体地位到发挥主导作用的转变（项安波，2018）。伴随着我国对社会主义经济规律认识的不断深化，国有经济布局优化和结构调整也逐渐从计划经济下政府主导的阶段性调整转变为国家战略指导与市场导向相结合的理性选择。

在社会主义市场经济理论不断深化发展的过程中，我国实现了由传统的计划经济，到有计划的商品经济，再到社会主义市场经济的转轨，并在运行机制上经历了"计划第一、价格第二—计划经济为主、市场调节为辅—计划经济与市场调节相结合—市场在资源配置中起基础性作用—市场在资源配置中起决定性作用和更好发挥政府作用"的转变，政府与市场的关系在中国特色社会主义下得到了有效解决，这是我国经济体制改革的核心问题，也是理解国有经济布局优化和结构调整的主线（谢伏瞻，2019）。在计划经济时期，我国生产力水平较低、生产社会化水平不高，国有经济作为全民所有制的实现载体，其调整是纯粹地依附于政府指令的被动行为。国家代表全体人民占有、

---

① 《马克思恩格斯文集》第 5 卷，人民出版社 2009 年版，第 409 页。
② 《马克思恩格斯文集》第 5 卷，人民出版社 2009 年版，第 649 页。

控制和使用生产资料，使得社会主义经济的计划性明显增强。这符合社会主义初级阶段的生产力发展要求，从根本上促进了生产力水平不断提高。但在社会主义初级阶段的生产力水平和管理能力制约下，纯粹的计划经济难以满足生产力发展的内在需求，事实上，在生产力还并不发达的阶段，若摒弃市场作用，贫乏的社会物质条件同样会阻碍政府作用的发挥。党的十一届三中全会后，我国开启了由计划经济向市场经济转轨的新征程，政府对于经济建设的计划控制角色在逐渐转变，实现了由计划经济为主、市场调节为辅到计划经济与市场调节相结合的飞跃，市场机制也逐渐被引入国有经济布局和结构调整的过程中。但此时我国的区域发展采取的是非均衡发展战略，通过优先发展地区的辐射和示范效应来实现"先富带动后富"。这一战略的实施使大量资本被市场阻滞在了东南沿海地区，并最终导致了我国的经济发展绩效在空间上和产业上的非均衡布局。这一不平衡的发展特征，从根本上决定了政府主导的资本区际流动，需要通过坚实的政府机构带动市场的蓬勃发展（Kolodko，2014；Fukuyama，2014），实现国民收入区域再分配，解决我国区域间资本分布非均衡的问题；根据区域发展战略的需要，通过国有资本的流动和重组，在收缩国有经济战线的同时，集中力量加强国家必保的行业和企业，改善地方的国有资本配置结构和国民经济的产业结构，使国有经济在社会主义市场经济中更好地发挥应有的作用。

当前，我国经济已经由高速增长阶段转向高质量发展阶段，社会生产力的整体发展水平已经达到了现代化的社会分工程度，社会分工越来越细化，经济复杂性和不确定性显著增加，社会主要矛盾已经转化为人民日益增长的美好生活需要和不平衡不充分的发展之间的矛盾。而生产的社会化越强化，交换关系就越深越广，越需要市场经济高度发展，市场配置资源的优势也会越明显。我国经济增速换挡、结构调整、动力转换的内在要求是现阶段必须推进产业结构调整、区域协调发展和经济转型升级，以构建高水平社会主义市场经济体制。而国有经济作为起主导作用的经济成分，往往成为政府进行宏观调控和微观干预的主要抓手。"经过多年改革，国有企业总体上已经同市场经济相融合"①，如果政府对国有经济发展的介入过深，会使得个别产业和企业快速发展，加剧区域产业间的非均衡发展。正如习近平总书记指出的："科学的宏观调控，有效的政府治理，是发挥社会主义市场经济体制优势的内在要求。"② 我国中央政府和各级监管部门及时按照生产力发展的要求对国有经济的布局、结构和组织形式进行调整（杨瑞龙，2022），指导国有企业按照市场机制优化空间布局（李娟伟和任保平，2022），既要发挥市场在资源配置中的决定性作用，也要更好地发挥政府的作用，实现国有经济布局优化和结构调整与国家战略布局调控相统筹。在社会主义市场经济条件下，从宏观上保持在一定经济水平下各区域之间、产业之间必备的平衡关系，使社会总供给和总需求的平衡得以实现，避免剧烈的经济波动，促进经济的稳定、持续、协调发展（李建平，2016）。

2.2　国有经济布局优化和结构调整的历史逻辑

从国有经济发展的历史逻辑看，其前身可追溯到晚清时期的官办工业，大致可分为国有经济布局奠定时期（1949 年以前）、国有经济快速积累与扩张时期（1949~1991 年）、国有经济布局的战略调整时期（1992~2012 年）、国有经济布局优化和结构调整时期（2013 年以来）4 个阶段。伴随着对社会主义市场经济规律认识的不断深化，国有经济布局优化和结构调整已经从政府集中控制和配置资源的指令性行为转化为有效市场和有为政府的有效结合。经过多年的发展，时至今日，国有经济已经形成从中部以及东北地区萌发到向东部地区高度集中，再到向国有经济布局不足的中西部地区转移的布局优化和结构调整趋

---

① 《习近平谈治国理政》第 1 卷，外文出版社 2018 年版，第 79 页。
② 《习近平总书记系列重要讲话读本》，人民出版社 2014 年版，第 63 页。

势，扭转了过去东部经济带动中西部经济的单一经济发展方式，西部地区以及第三产业国有经济力量迅速崛起。

2.2.1 国有经济布局奠基时期

我国的国有经济布局主要表现为空间布局和产业布局，官办以及官督商办企业、公营企业、国营企业等国有企业前身的相继出现和发展奠定了国有经济的初始空间布局和产业布局。以 1860 年《北京条约》的签订为标志，为解决农民阶级与地主阶级的矛盾，维护清王朝的统治，曾国藩、李鸿章等沿着"师夷""制夷"的思路，在继承中国传统封建官办工业的基础上，以政府为垄断企业经营的主要力量，从重工业起步，开启了中国近代化的进程。洋务运动最初创办的企业是军用工业，19 世纪 60～90 年代，清政府相继在上海、南京、福州、天津、兰州、济南、汉阳等地创建了 26 个制造局。近代军用工业兴起后，急切需要相应的燃料工业、矿冶工业和交通运输业为进一步发展做支撑。同时，军用企业的庞大支出，也非日见窘迫的清政府财政所能维持。所以，到 19 世纪 70 年代，洋务派便积极转向经营航运、矿冶、纺织、电讯、铁路等民用企业，期望开辟新的财源。进入 19 世纪 70 年代，洋务运动战略发生重大转变，即由"求强"转向"求富"，并开始大力发展与军事工业相关的关系国计民生的民用企业，如铁路/轮船等交通事业。这些关系国计民生的企业在新中国成立后或被没收或被进行社会主义改造，构成了国有经济的初始布局。虽然洋务运动未能经受住中日甲午战争的考验，清政府为化解政治经济危机也试图通过引入私人企业来扭转以官办企业为主体推动工业化的趋向，但这种体制机制改革本质上是封建统治者的自救运动，以保持中央政府对企业的控制权为根本原则，其目的是维护既得利益集团的统治，即使是国民政府统治时期，这一根本原则也并未改变。

截至 1918 年新民主主义革命前夕，我国新增官办企业 8250 个，这些企业主要为与军事工业相关的关系国计民生的民用企业，集中在中部以及东北地区，占比高达 70.61%。① 进入新民主主义革命时期，革命根据地的公营经济事业具有了社会主义性质，其建设原则也转为维护广大人民群众的根本利益。② 1928 年 5 月，为打破国民政府对中共的"两封锁""三限制"，满足战争期间人民群众的生活物资需要，红军在茨坪建立起我国第一个公营经济性质的公卖处。1929 年 1 月红军在赣南、闽西开辟新的革命根据地后，公卖处这种经济形式逐渐发展为公营企业，公营企业成为公营经济在新民主主义时期的主要表现形式。伴随着战争的不断推进以及解放区的不断转移扩大，公营企业迅速发展，逐步形成了以革命根据地和边区为主要分布地的空间分布格局，同样为新中国建立后的国有经济布局奠定了基础。到 1948 年，我国共有 8337 个企业在随后的社会主义改造中逐渐被转为国营企业，仅中部和东北地区就占了 70.68%。③

2.2.2　国有经济快速积累与扩张时期

1949 年新中国成立以后，打破美国等西方国家的政治经济封锁、恢复和发展生产力、满足抗美援朝及人民生活需要成为我国这一阶段最迫切的目标，我国将发展国营工业放在优先位置，在将革命根据地和边区的公营企业延续发展的同时，通过没收官僚资本、对民族资本进行社会主义改造以及重新投资建厂，兴建了大批军工国防相关的"国营企业"④，国有经济布局自此进入快速积累与扩张时期。由于东部地区凭借地理位置优势，在洋务运动时期就已经打下了坚实的工业基础，新中国成立后没收的官僚资本和进行社会主义改造的民营资本大

---

①③　统计数据为笔者根据天眼查企业信息数据库（www.tianyancha.com）资料整理所得。

②　新中国建立前夕，全国政协制定的《共同纲领》指出：在我国新民主主义制度下国营经济为社会主义性质的经济。

④　1952 年，政务院发布的《关于各级政府所经营的企业名称的规定》明确提出：凡中央五大行政区各部门投资经营的企业，包括大行政区委托省、市代管的企业，称为"国营企业"。

多位于东部地区，新兴建的工业企业大多亦以东部地区既有的工业资源为基础，因此东部地区也迅速跃升成为和中部地区以及东北地区占比相当的国营企业主要集聚地区。截至三大改造前，东部地区、中部地区以及东北地区国营企业占比分别为 23.86%、29.85% 和 39.43%。伴随着国民经济的逐渐恢复，社会主要矛盾转变为"人民对于建立先进的工业国的要求同落后的农业国的现实之间的矛盾"[①]，我国提出了过渡时期的总路线——一化三改，开始将重工业作为优先发展的目标，优先在中西部地区建立起以国营企业为主要支撑形式的重工业项目。以苏联援助的"156 项"建设项目为核心，以限额以上 921 个大中型建设项目为重点，掀起了大规模工业化浪潮（赵学军，2021）。这一改革虽推进了我国工业化进程：1956 年社会主义国营工业的产值占工业总产值的 67.5%，公私合营工业产值占 32.5%，私人工业几乎全部消失（薛暮桥，1979），但因涉及的企业数量较少，并未改变我国的国营企业分布格局。

但 60 年代初随之而来的国际局势变化使我国不得不重新调整国营企业的空间布局。1960 年开始中美局势愈发紧张，越南战争的爆发以及中苏关系的恶化更使中国时刻面临战争的威胁。在此背景下，我国迅速对工业布局进行了调整，1964 年 8 月，国家建委召开一、二线搬迁会议，提出要大分散、小集中，少数国防尖端项目要"靠山、分散、隐蔽"，三线建设正式拉开帷幕。以云南、四川、陕西、贵州、甘肃等省的全部地区，以及河南、湖北、湖南三省的西部地区为建设重点，位于东北和沿海地区的国营工业、国防企业被大量搬迁至三线地区[②]，同时，也在三线地区新建了一批国营企业。截至 1978 年，这一政策直接使三线地区的国营企业数量较 1964 年增加了 42.93%。值得注意的

---

① 《中共中央文件选集（一九四九年十月——一九六六年五月）》第 24 册，人民出版社 2013 年版，第 270 页。

② 三线地区主要指的是长城雁门关以南、广东韶关以北、京广铁路以西、甘肃乌鞘岭以东的广大地区，包括四川、云南、贵州、陕西、甘肃、宁夏、青海、山西、河南、湖北、湖南、广东、广西等 13 个省、自治区的全部或部分地区。

是，在东部地区的快速发展以及深厚的国营企业基础加持下，这一时期三线地区的国营企业数量虽有增多，但并未阻碍东部地区超过东北地区成为国营企业保有量最多的地区的步伐：1978 年东部地区的国营企业保有量为 5810 家，占全国国营企业保有量的 35.92%，正式超过东北地区（29.22%）和中部地区（25.61%）。[①] 经历了一系列的改革后，国民收入中的工业产值占比从 1949 年的 12.6% 增加到 1978 年的49.4%[②]，将中国从落后的农业国一举带入世界工业国家之列，以工业企业为主导企业、以东部地区为主要分布地区的国有经济分布格局基本形成。

在高度集中的计划经济体制下，国营企业作为政府的附属物，其布局调整多为行政命令式的政府行为，这种行政的强制性和资产的无偿划拨，使企业缺乏市场的评价机制，对其自身的空间布局和产业结构优化缺乏积极性，企业内部缺乏活力和效率。改革开放以来，我国逐渐突破计划经济体制、引入市场机制，打破了原先"一大二公三纯"的传统经济结构。在改革开放之前，我国的国有经济份额占到国民经济的90%以上，涵盖了国民经济的各个部门，因此要搞活国民经济，首当其冲就要搞活国营企业。自1978 年以来，我国的国有经济先后经历了"放权让利""两权分离""建立现代企业制度""抓大放小""国资委监管""发展混合所有制"等一系列改革，国有经济空间和产业布局进入全面调整时期。1978 年 10 月，四川省重庆钢铁公司、成都无缝钢管厂、宁江机械厂、四川化工厂、新都县氮肥厂和南充钢铁厂 6 家地方国营工业企业率先实行扩大企业自主权试点并取得了不俗的成效。在此基础上，1978 年 12 月，中共十一届三中全会正式指出："现在我国经济管理体制的一个严重缺点是权力过于集中，应该有领导地大胆下放，让地方和工农业企业在国家统一计划的指导下有更多的经营管理自主权……应该在中共一元化领导之下，认真解决党政企不分，以

---

① 统计数据来自天眼查企业信息数据库（www.tianyancha.com）。
② 统计数据来自《中国统计年鉴》。

党代政，以政代企的现象。"赋予了地方、企业、生产队在国营企业的经营管理上更多的自主权。1979 年 7 月，国务院发布了《关于扩大国营工业企业经营管理自主权的若干规定》等 5 个文件。伴随着计划经济体制向社会主义市场经济体制转轨，国营企业的"放权让利"改革也在不断推进。国营企业在获得更多经营管理自主权的同时，更被赋予了兼并重组的权力。1989 年 2 月，国家体改委、国家计委、财政部、国家国有资产管理局联合发布了《关于企业兼并的暂行办法》，对企业兼并重组的概念、原则、兼并双方主体、企业兼并形式、程序均进行了明确规定，由此从政策层面进一步规范了企业兼并重组行为。国营企业被推入市场，在自身经营管理和兼并重组上被赋予了更大的权力，这使国营企业对其空间布局和结构优化有了更大的自主权，但国营企业发展改革后劲不足问题在此阶段并未被彻底解决。

2.2.3　国有经济布局的战略调整时期

随着改革开放政策的不断推进，国家将发展重心转移到经济建设上，社会的主要矛盾也转化为"人民日益增长的物质文化需要同落后的社会生产之间的矛盾"。为适应主要矛盾的转变，1992 年中共十四大明确提出"我国经济体制改革的目标是要建立社会主义市场经济体制"，并最终实现了"使市场在国家宏观调控下对资源配置起基础性作用"的飞跃。[1] 与社会主义市场经济体制的确立相适应，党中央在总结国有企业改革和发展的经验基础上提出从战略上调整国有经济布局[2]，并逐渐建立起与社会主义市场经济体制相适应的企业制度框架。1993 年 11 月中共十四届三中全会提出将"产权明晰、权责明确、政企分

---

[1]　中共中央文献研究室：《十五大以来重要文献选编》（中），人民出版社 2001 年版，第 1228 页。

[2]　苗长发，孙业礼：《坚持解放思想再创新的辉煌——十四大以来国有企业改革和发展的新探索、新思路、新突破》，载于《人民日报》2000 年 3 月 7 日。

开、管理科学"的现代企业制度正式作为国有企业[①]改革的目标。1995年十四届五中全会"抓大放小"改革思路的提出以及 1997 年 9 月中共十五大提出的"要从战略上调整国有经济布局"、将国有经济重心向"关系国民经济命脉的重要行业和关键领域"转移举措的推行,通过淘汰缺乏竞争力和发展困难的国有企业,推进兼并、改组等多种方式激发了市场活力。1998 年亚洲金融风暴使我国的宏观经济处于危机的边缘,当时 2/3 左右的国有企业大幅亏损。由国有企业亏损引致财政严重赤字的困境倒逼政府大刀阔斧地重构国有经济空间和产业布局。中共十五届四中全会通过的《中共中央关于国有企业改革和发展若干重大问题的决定》提出,调整国有经济布局要"同产业结构的优化升级和所有制结构的调整完善结合起来,坚持有进有退,有所为有所不为,提高国有经济的控制力",确立了"从战略上调整国有经济、推进国有企业战略性改组"的方针,同时实施"三改一加强",即对国有企业进行改革、改组、改造以及加强管理,并"积极探索公有制的多种有效实现形式,大力发展股份制和混合所有制经济,重要企业由国家控股"。2000 年 10 月,中共十五届五中全会通过的《中共中央关于制定国民经济和社会发展第十个五年计划的建议》,把实施西部大开发、促进地区协调发展作为一项战略任务,强调:"实施西部大开发战略、加快中西部地区发展,关系经济发展、民族团结、社会稳定,关系地区协调发展和最终实现共同富裕,是实现第三步战略目标的重大举措。"而国有企业作为西部大开发的骨干力量也不断向西部地区扩张和迁移。经过此轮改革重组,截至 2003 年底,我国东部地区、中部地区、西部地区和东北地区国有企业数量占比分别为 55.5%、18.1%、17.9% 和 8.5%,国有资产占比分别为 61.1%、6.6%、29.2% 和 3.1%,国有资产在第一、二、三产业的比例分别为 1.5%、50% 和 48.5%。[②]虽有超过半数的国有企业和国有资本位于东部地区,但国有经济的产业布局

---

①　1993 年中共十四大报告首次将"全民所有制企业"改称为"国有企业",替换了长期使用的"国营企业"称谓。

②　数据来源:《中国国有资产监督管理年鉴》。

已经逐步从以第二产业为主向以第三产业为主转变。

为巩固国有经济在国民经济中的主导作用，"完善国有资本有进有退、合理流动的机制，进一步推动国有资本更多地投向关系国家安全和国民经济命脉的关键领域，增强国有经济的控制力"。[①] 2003 年国务院国有资产监督管理委员会（以下简称"国资委"）正式成立，并于2004 年在广泛调研的基础上出台了《关于中央企业国有经济布局和结构调整若干重大问题的思考》，对央企国有经济布局和结构调整提出"四个集中"和"五个优化"的指导思想[②]。对国有经济布局的战略调整也从对国有企业的调整拓宽到对国有资本的调整，实现了国有经济从关注企业个体发展到更加注重国有资本整体功能发展的转变。2006年 12 月国务院转发国资委《关于推进国有资本调整和国有企业重组的指导意见》，站在国有资产保值增值角度提出，到 2010 年，国资委履行出资人职责的企业（简称中央企业）调整和重组至 80～100 家。这一时期的国有经济兼并重组不仅是为了实现国有资产的保值增值，更重要的目标是适应进入 21 世纪以来加快推进社会主义现代化、实现社会主义市场经济长足发展的需要，加快推进全面建设小康社会的奋斗目标。因此，既要对国有经济进行布局上的调整，又要"深化国有企业公司制股份制改革，健全现代企业制度，优化国有经济布局和结构，增强国有经济活力、控制力、影响力。深化垄断行业改革，引入竞争机制，加强政府监管和社会监督"[③]，强化市场竞争在国有经济改革中的作用。2008 年开始，受国际金融危机的影响，面对国际贸易环境的不断变化，为实现经济增长方式转变及产业结构调整，解决国有经济整体行业分布面过宽和空间分布过于分散的问题，我国进一步对以央

---

① 《中共中央关于完善社会主义市场经济体制若干问题的决定》，2003 年 10 月。

② 即进一步推动国有资本更多地向关系国家安全和国民经济命脉的重要行业和关键领域集中，向具有竞争优势的行业和未来可能形成主导产业的领域集中，向具有较强国际竞争力的大公司大企业集团集中，向中央企业主业集中；优化国有资本在有关行业领域的分布、优化在产业内部的分布、优化在区域间的分布、优化在企业间的分布和企业内部分布，推动央企实现优化重组。

③ 《中国共产党第十七次全国代表大会文件汇编》，人民出版社 2007 年版，第 25 页。

企为代表的国有经济提出兼并重组意见，并对兼并重组规则进行进一步细化，指出"要以汽车钢铁水泥等六大行业为重点，推动优势企业强强联合和兼并重组"①。在一系列减量化政策的推动下，国有企业的数量开始持续缩减，至 2009 年仅剩 8.99 万户，下降了 29.96%。国有资本逐步从一般生产加工行业退出，国有经济改革正式进入国资委监管的做减法阶段，"兼并重组""整合壮大"成为现代化建设过程中新一轮国有经济改革的突破口。

2.2.4　国有经济布局优化和结构调整时期

经过上述改革，国有经济的布局和结构得到了一定的优化，但距离成熟社会主义市场经济体制的要求还有很大差距。一方面，国有经济空间分布仍不均匀，截至 2011 年，我国东部地区、中部地区、西部地区和东北地区国有企业数量占比分别为 49.8%、12.3%、33.2% 和4.7%，国有资产占比分别为 60.2%、8.2%、29.2% 和 2.4%，东部、中部和东北地区的国有企业数量虽都呈下降并向西部地区转移的趋势，但国有企业仍主要分布在东部地区；另一方面，国有经济的产业结构布局仍不合理，截至 2011 年，我国第一、二、三产业的国有资产占比分别为 0.6%、44.2% 和 55.2%，在制造业中仍有过量的国有资本滞留，且大多集中在产业链低端。② 面对社会主义市场经济不断完善、百年未有之大变局进入加速演变期的新时代发展格局，实现从"追赶时代"到"引领时代"的转变迫切地要求我国立足优化产业结构推动经济发展，解决当前国有经济改革存在的体制机制障碍，提升国有经济活力与核心竞争力，通过国有经济结构化改革破除对要素驱动型发展环境的依赖，满足国有经济自身可持续发展以及中国社会主义市场经济整体发展的需要。

---

① 《国务院关于促进企业兼并重组的意见》，2010 年 8 月 28 日。
② 数据来自《中国国有资产监督管理年鉴》。

2013 年中共十八届三中全会提出的"国有资本加大对公益性企业的投入；国有资本继续控股经营的自然垄断行业，实行以政企分开、政资分开、特许经营、政府监管为主要内容的改革"一系列国有企业改革措施为下一步深入推进国有经济布局优化和结构调整提供了重要抓手。2014 年 5 月，中共中央发布的《关于推进国有资本调整和国有企业重组的指导意见》进一步指出要"加快国有大型企业的调整和重组，促进企业资源优化配置"。在该《指导意见》出台两个月后，国资委在中粮集团、国投公司开展投资公司先行展开试点工作，并于后续推进"十项改革试点"过程中，通过下放权力，对国有资本进行改组组建，国有经济布局优化和结构调整进入实质阶段。当市场在资源配置中起决定性作用时，国有企业需要作为市场主体进入市场获取资源（洪银兴和桂林，2021）。2015 年 12 月出台的《关于国有企业功能界定与分类的指导意见》更是通过分类改革，根据不同类型企业特点有针对性推进改革，进一步推进了国有经济布局优化和结构调整与市场经济体制的深入融合。商业类国有企业按照市场化要求实行商业化运作，公益类国有企业要积极引入市场机制，但必要的产品或服务价格可以由政府调控。

这一阶段市场在国有经济布局优化和结构调整中的作用虽不断增强，但在公有制为主体、多种所有制经济共同发展的基本经济制度框架内，国有企业仍是中国特色社会主义的重要物质基础和政治基础[①]，国有资本进入的主要领域是国民经济命脉部门，因此其布局优化和结构调整仍具有以下目标导向：第一，国有经济布局优化和结构调整与国家结构改革相辅相成。2016 年习近平总书记在全国国有企业改革座谈会上进一步强调："要按照创新、协调、绿色、开放、共享的发展理念的要求，推进结构调整、创新发展、布局优化，使国有企业在供给侧结构性改革中发挥带动作用。"[②] 中国特色社会主义进入新时代，我

---

① 《深入学习贯彻党的十九大精神　紧扣新时代要求推动改革发展》，载于《人民日报》2017 年 12 月 14 日，第 1 版。

② 《理直气壮做强做优做大国有企业》，载于《人民日报》2016 年 7 月 5 日，第 1 版。

国围绕国有资产监管体制改革，聚焦推动国有经济布局和结构的再升级，将推动国有经济改革从重大经济问题提升到重大政治问题的战略高度①。2017 年 4 月，国务院办公厅印发的《关于转发国务院国资委以管资本为主推进职能转变方案的通知》提出要重点管好"国有资本布局、规范资本运作、提高资本回报、维护资本安全"，10 月中共十九大报告进一步指出要"加快国有经济布局优化、结构调整、战略性重组"，并遵循"有利于国有资本保值增值、有利于提高国有经济竞争力、有利于放大国有资本功能"的原则，持续"推进国有经济布局优化和结构调整，积极稳妥推进国有企业混合所有制改革，稳步推进自然垄断行业改革""对于处于充分竞争领域的国有经济，通过资本化、证券化等方式优化国有资本配置，提高国有资本收益，不断增强发展活力"②。第二，国有经济布局优化和结构调整顺应人民美好生活需要。目前，国有经济的改革逻辑已转为应对人民日益增长的美好生活需要和不平衡不充分的发展之间的矛盾。为适应"人民日益增长的美好生活需要"，在"创新、协调、绿色、开放、共享"的发展理念规制下，2018 年出台的《中共中央　国务院关于全面加强生态环境保护坚决打好污染防治攻坚战的意见》指出，以京津冀及周边、长三角等重点区域为主战场，全面整治"散乱污"企业及集群，对污染型企业分类实施关停取缔、整合搬迁、整改提升等措施，使东部地区一些污染较为严重的企业为缩减运营成本逐渐向中西部地区转移。第三，国有经济布局优化和结构调整与国家区域发展战略同频共振。在国家纵深推动区域协调合作、深入实施城市减量化发展战略的背景下，国有经济发挥先导效应，积极响应"推动西部大开发形成新格局，推动东北振兴取得新突破，促进中部地区加快崛起，鼓励东部地区加快推进现代化""推进京津冀协同发展、长江经济带发展、粤港澳大湾区建设、长三角

---

① 《再动员再部署 再学习再领会 不断开创中央企业改革发展和党的建设新局面》，载于《国资报告》2018 年 12 月 10 日。

② 《中共中央国务院关于新时代加快完善社会主义市场经济体制的意见》，载于《人民日报》2020 年 5 月 19 日，第 1 版。

一体化发展，打造创新平台和新增长极"① 要求，在空间布局和产业结构上继续调整和优化。2019 年我国东部地区、中部地区、西部地区和东北地区国有企业数量占比分别 46.9%、11.2%、38.6% 和 3.3%，国有资产占比分别为 54.2%、14%、28.4% 和 3.4%，国有经济布局实现了在空间领域上的动态调整，国有经济从高度集中的东部地区向国有经济布局不足的中西部地区转移，扭转了过去东部经济带动中西部经济的单一经济发展方式，西部地区国有经济力量迅速崛起。但同时，随着市场竞争环境的不断优化以及社会主义市场经济的不断发展，第三产业迅速崛起，三大产业国有企业数量占比为 2.4%、24.1% 和 73.5%，国有资产总量占比分别为 0.8%、36.2% 和 63%，② 第三产业在国有经济中占有绝对优势。

2.3　国有经济布局优化和结构调整的实践逻辑

纵观我国国有经济布局优化和结构调整的历史发展脉络，不难看出，我国国有经济发展既不同于其他发达国家的国有经济，也不同于其他发展中国家的国有经济，表现为既有发展阶段的特殊约束，又服务于社会主义性质的特殊目标。这就要求我国国有经济布局优化和结构调整在实践中以社会主义市场经济理论为发展依据，奉行坚持人民主体地位的实践原则，坚持服务经济高质量发展的目标导向。

2.3.1　实践依据：社会主义市场经济理论

中国的社会主义市场经济体制改革并非全面模仿西方市场经济模

---

① 《中共中央关于制定国民经济和社会发展第十四个五年规划和二〇三五年远景目标的建议》，2020 年 10 月 29 日。

② 数据来自《中国国有资产监督管理年鉴》。

式，而是具有鲜明的中国特色，这就决定了国有经济布局优化和结构调整不能照搬照抄西方主流经济学。按照西方主流经济学的理论逻辑，国有经济布局优化和结构调整遵循产业转移理论，体现为市场规律作用下产业自发转移的动态优化过程，只能走非公有制这一路径。但马克思主义理论告诉我们，遵循市场规律的产业自发转移虽然在资源配置和发展生产力方面有巨大优势，但由于其自身无法弥补的缺陷，必须在社会主义政府的正确引导和辅助下，才能发挥积极作用，这为国有经济布局优化和结构调整过程中的政府干预提供了依据。

国有经济作为中国特色社会主义公有制的重要实现形式，其目标是消灭阶级剥削，建立广大劳动者互助互利的合作关系，在其分配中"经济剩余不归任何个人和集团所有，它在本质上属于社会所有的公共积累，一部分以利税的形式上缴社会，一部分留给企业扩大再生产，经济剩余的这种公共性是生产资料公有制在分配关系上的集中体现"（张宇，2016），国有经济的性质决定了其布局优化和结构调整的实践逻辑必然不能脱离马克思主义政治经济学基本范式。然而，在我国的国有经济改革过程中，其根植的土壤——社会主义初级阶段，与马克思所设想的共产主义社会相比生产力水平较为落后，马克思认为社会主义脱胎于发达的资本主义，拥有发达的生产力水平。同时，在社会主义制度基础上建设和发展市场经济也是马克思主义政治经济学没有预见到的，非公有制经济也成为基本经济制度的组成部分，公有制经济是资产和资本的概念得以明确，其不仅能在公有制企业中经营，也可以在各种类型的企业中经营，可以有多种实现形式（洪银兴，2016）。因此，马克思和恩格斯当时所设想的计划机制并不完全适用于我国的国有经济改革。

习近平总书记强调，"深化国有企业改革，要沿着符合国情的道路去改，要遵循市场经济规律，也要避免市场的盲目性，推动国有企业不断提高效益和效率，提高竞争力和抗风险能力，完善企业治理结构，在激烈的市场竞争中游刃有余"。① 我国的国有经济布局优化和结构调整遵循社会主义市场经济理论的基本逻辑，在政府集中控制和配置资源的计划调控基础上，逐步引入市场机制，强化市场在国有经济布局优化和结构调整中的作用，构建适应市场经济的国有经济管理体制，提高国有资本的流动性，解决国有资产管理体制中政资不分、政企不分两大根深蒂固的体制性问题，使国有经济布局优化和结构调整从"以产业政策为主导"向"以竞争政策为基础"的政策转型，并不是强调市场经济的性质，而是在社会主义制度下发展市场经济。而政府更多的是发挥其有效性，通过合乎市场经济原则的行动，同市场机制进行有效衔接，对国有经济进行有进有退的战略调整，在保持对涉及国家安全和生态安全，环境保护，全国重大生产力布局、战略性资源开发和重大公共利益等项目以及基本公共服务配置的国有经济的控制力的同时，助推公益类国有资本逐渐退出一般竞争性领域，持续"向关系国家安全、国民经济命脉和国计民生的重要行业和关键领域、重点基础设施集中，向前瞻性战略性产业集中，向具有核心竞争力的优势企业集中"②，聚焦主业发展，给市场的自主作用留出更大空间。商业类特别是处于竞争性领域内的国有资本则是按照市场化要求，以放大国有资本功能、实现国有资产保值增值、提高国有经济竞争力为主要目标，使其战略性调整与产业结构的优化升级和所有制结构的调整完善结合起来，坚持有序进退、有所为有所不为（杨瑞龙，2022）。即在尊重市场规律的同时，发挥社会主义制度的优越性，发挥政府宏观调控的积极作用，实现"有效市场"与"有为政府"的有机统一。但当二者出现矛盾时，国有经济主体必然以社会主义价值理念为指导，以国家战略利益和社会公众利益为优先目标。在这一过程中，国有经济布局优化和结构调整的目的也在承担政府宏观调控的责任和义务，

---

① 《习近平长春考察：深化国企改革要符合国情》，人民网，2015 年 7 月 18 日，ht-tp：//politics. people. com. cn/n/2015/0718/c70731 –27323165. html。

② 《中共中央国务院关于深化国有企业改革的指导意见》，载于《人民日报》2015 年 9 月 14 日，第 6 版。

协调、兼顾国家（社会）、集体（企业）、职工（个人）三者利益和关系的基础上，开始追求国有企业组织自身经济利益的最大化（詹新宇和方福前，2012）。这并不是对西方主流经济学的简单照搬照抄，也不是对马克思主义政治经济学的简单复制，而是我国在坚持马克思主义基本原理的基础上，"从当前的国民经济的事实出发"[①]，立足我国国情和我国发展实践制定的发展战略，遵循社会主义市场经济的改革方向，破解主流经济理论中关于政府与市场关系的长期争论，使得社会主义公有制和市场经济体制真正能够在企业层面上、在微观机制上得以实现（黄群慧，2022）。

2.3.2　实践原则：坚持以人民为中心

在资本主义私有制中，生产资料为资本家所占有，工人阶级一无所有，资本主义的生产过程通过雇佣劳动制度实现生产资料与劳动者的结合，劳动者处于受剥削的从属地位。在这种制度下的资本积累，一极是资本家财富的积累，另一极则是工人阶级贫困的积累。社会主义公有制则从根本上改变了资本主义私有制中工人阶级的雇佣工人地位，工人阶级成为公有制企业的主人，劳动者成为生产资料的主人，领导人与工人之间、工人与工人之间是平等的协作分工关系，工人根据按劳分配规律占有自己创造的部分剩余价值。

一直以来，我国的国有经济布局优化和结构调整都坚持以人民为中心的发展思想，维护人民根本利益，实现发展为了人民、发展依靠人民、发展成果由人民共享，不断增强人民群众的获得感、幸福感和安全感，让现代化建设成果更多更公平惠及全体人民。我国市场取向的改革实现了公有制与市场经济的结合，并且伴随着改革的纵深推进，市场经济的作用日益凸显。市场的本质是劳资关系，在市场经济中发挥支配作用的规律就是以劳资关系为基础的资本主义经济规律（吴宣

---

① 《马克思恩格斯文集》第 1 卷，人民出版社 2009 年版，第 156 页。

恭，2016)，而劳动与资本的阶级地位又是由生产资料所有制所决定的，因此，必须实现控制私人资本的发展空间与加强和巩固公有制经济并重的发展模式（蔡万焕，2017)。国有经济作为生产资料公有制的重要表现形式，其根本目的是解决生产的社会化和生产资料的资本主义私人占有的基本矛盾，让全体劳动者平等占有社会生产资料（江剑平等，2020)。其资本积累不仅是为了增加国家资产，更是为了增进人民福祉。国有经济布局优化和结构调整对增进人民福祉的正外部性主要体现在以下几个方面：第一，国有企业是否能够促进就业虽然一直存在争议（Dewenter and Malatesta，2001；曾庆生等，2006；黄玲文和姚洋，2007；刘海洋等，2019)，但国有企业自身的布局优化和结构调整无疑可以提升企业整体效益进而提高就业吸纳能力、为劳动者提供更为稳定的就业环境和更完善的员工福利保障体系。第二，国有经济可以通过参股民营企业，退出自身发展低效率行业，利用自身在产业链中的优势为下游企业提供成本更低、质量更高的生产资料等方式，给予民营企业更大发展空间，提高民营企业经营效率，拓宽民营企业利润空间，促使民营企业雇佣结构升级优化、就业吸纳能力得以提升（叶永卫和张磊，2022)。第三，从公共服务资源的提供上看，国有企业主要聚焦于关系国家安全、国民经济命脉和国计民生的重要行业和关键领域、重点基础设施建设领域，新进入的国有企业将会在养老、旅游、教育、文化、科技金融等领域不断提高参与度，并将资源更多地投入初级产品供应业、先进制造业和战略性新兴产业之中，提升整体经济效率、增进社会福利水平。第四，国有经济的快速发展可以为国家提供巨额的利润和税金，从而充实国家的财政收入，促进社会保障体系的发展，对改善私营企业劳动者的生活起补充作用（吴宣恭，2016)，实现社会福利最大化的发展目标。尤其是在新冠肺炎疫情冲击下国内经济下行、就业环境恶化的今天，对国有经济进行布局优化和结构调整，理直气壮做强做优做大国有企业，正是着眼于从国家层面发展公有制，壮大国家综合实力，保障人民共同利益，"充分发挥工人阶级主人翁作用，维护好职工群众合法权益，积极构建和谐劳动关系"①，起到稳就业、稳市场、保供给的重要作用。

2.3.3　实践目标：服务经济高质量发展

习近平总书记在中共二十大报告中指出："中国式现代化的本质要求是：坚持中国共产党领导，坚持中国特色社会主义，实现高质量发展……"经济高质量发展是贯穿"宏观经济高质量发展""中观产业高质量发展"和"微观企业高质量发展"3 个层面的完整发展体系，但归根结底需要通过企业高质量发展予以实现（何瑛和杨琳，2021）。2018 年政府工作报告指出，国有企业要通过改革创新，走在高质量发展前列。改革开放以来，我国经济在由计划经济转为市场经济的动态调整过程中实现了高速稳定增长，正是得益于国有经济宏观调控职能的发挥。当经济进入衰退期时，国有经济投资会表现出逆势上升的逆周期性，以应对非国有经济投资的大幅波动（郭婧和马光荣，2019），并发挥自身的控制力，通过自然垄断等方式对自身所处的上游产业和基础产业进行适当控制，对下游产业大幅放开竞争，实现上下游产业、国有经济和民营经济的"正外部性"循环（黄昕和平新乔，2022），引导社会主义市场经济实现高质量发展。

一方面，国有经济可以在经济衰退时发挥逆周期职能，实现国有经济稳定经济增长的压舱石作用主要得益于国有经济从竞争性领域退出而主要居于垄断性行业，而非依托于国有经济自身效率的提升。国有经济相较于民营经济来说效率较为低下已成为不争的事实，国有经济自身效率较低，且又占用了大量的生产要素，降低了资源配置效率，从而直接降低了整体的生产效率，对经济增长产生"直接抑制效应"。因此实现国有经济自身效率的提升，才能实现国有资本逐步壮大、国

---

① 《习近平在吉林调研时强调　保持战略定力增强发展自信　坚持变中求新变中求进变中突破》，载于《人民日报》2015 年 7 月 19 日，第 1 版。

有企业做强做优做大的目标，最大程度发挥国有经济稳定经济增长的职能。只有通过国有经济的布局优化和结构调整，减少国有经济"被溺爱"的情况，才能在中国谋求高质量发展、致力于建设现代化经济体系的进程中发挥积极作用。当前以调节国有经济在国民经济中的比重、在关键产业领域的分布、中央和地方企业区域格局、企业持股比例分配以及企业组织规模选择为主要抓手的国有经济布局优化和结构调整改革，有利于发挥国有经济自身优势。另一方面，国有经济的上游垄断力量虽然会对下游产业产生"正外部性"，从而维持经济稳定增长，但国有经济的上游垄断强度一旦超过了既定范围，亦会对高效率非国有经济产生挤出效应，降低资源配置效率并阻碍整体的技术进步，最终对社会主义市场经济的稳定发展产生"间接拖累效应"。所谓"间接拖累效应"，是指相较于国有企业自身的效率损失而言，国有企业还会通过阻碍民营企业的发展，进而对整体的经济增长产生间接拖累效应。正如刘瑞明和石磊（2010）的研究所指出的，在市场经济转型时期，由于政府对国有企业存在预算软约束条件，国有企业不仅会通过自身的效率损失阻碍经济增长，还会通过预算软约束和金融抑制的形式拖累民营企业发展，进而损害整体的经济增长。因此，国有经济必定会通过深化体制机制改革，对其布局和结构进行优化调整，确立市场竞争机制在上游行业的主导地位，加快推进国有经济从低效率、产能过剩行业退出，改善产业竞争格局，促进行业良性健康发展，实现改革的最终目标，走在高质量发展前列。

第 3 章

国有经济空间及产业布局的
演变趋势及调整成效

当前中国特色社会主义进入新时代，我国的社会主要矛盾转化为人民日益增长的美好生活需要和不平衡不充分的发展之间的矛盾，在国有经济层面集中体现在国有企业空间分布的不平衡和产业布局结构不合理引起的发展不充分两个方面。正确认识国有经济在这两方面的动态调整过程、发展脉络以及当前态势，对于发挥国有经济在国民经济中的主导作用、解决我国社会主要矛盾从而实现经济高质量发展具有重要作用。基于此，本章结合 2003～2020 年的《中国国有资产监督管理年鉴》相关数据以及从天眼查企业信息数据库（www. tianyancha. com）获取的218.92 万条国有企业微观数据，细分行业、产业、区域分析梳理了 2003～2020 年我国 280 个地级市国有经济空间及产业布局的演变趋势及调整成效。

3.1 国有经济空间布局的演变趋势及调整成效

3.1.1 国有经济空间布局总体演变趋势及调整成效

本项目组利用从天眼查获取的企业类型为国有企业的 218.92 万家

企业信息，即国务院和地方人民政府分别代表国家履行出资人职责的国有独资企业、国有独资公司以及国有资本控股公司，包括中央和地方国有资产监督管理机构和其他部门所监管的企业本级及其逐级投资形成的企业，以各个企业在天眼查企业信息数据库中公布的经营状态、成立日期、核准日期、所属城市、公司类型等内容为分析依据，处理剔除部分异常的企业数据后，共得到218.90万条有效数据。

1. 国有企业总量演变趋势及调整成效

整体来看，2003～2020年全国及四大区域的国有企业总量总体均呈现下降趋势（见图3-1-1），国有企业在数量上经历了一个"去粗取精"的变化。全国国有企业总量从2003年的80.42万家下降到2020年的46.99万家，各省份的平均水平也由2003年的2.59万家下降为2020年的1.52万家，降幅达到41.31%。原因可能在于我国自1999年开始，便针对国有经济空间和产业布局展开了大刀阔斧的改革，此后更是推进了有关国有企业兼并和重组的多轮改革，从而促进国有企业优化升级，更好地激发国有经济的活力。从区域层面看，四大区域的国有企业总量变化趋势与全国基本一致。就数量层面来看，东部地区几乎一直处于领先地位，其占比一直维持在35%以上，西部地区和中部地区的国有企业数量差距越来越小，并在2013年实现了反超，而东北地区国有企业总量则明显少于其他地区，占比尚不到15%。究其原因，一方面在于各区域本身地理面积和要素禀赋的差异，另一方面还在于自2000年以来西部大开发战略的实施，使得西部地区凭借政策优势加快发展，从而促进了区域协调发展。

同时，各地级市的国有企业数量在2003～2020年虽有所波折但总体呈现下降趋势，各城市的平均水平由2003年的2358家下降为2020年的1378家，降幅达到41.56%。1998年亚洲金融风暴使我国的宏观经济处于危机的边缘，当时2/3左右的国有企业大幅亏损。由国有企业亏损引致财政严重赤字的困境倒逼政府大刀阔斧地重构国有经济空间和产业布局。1999年便提出要实施"三改一加强"，即对国有企业进行改革、改组、改造以及加强管理，经过之后的多轮改革重组，国

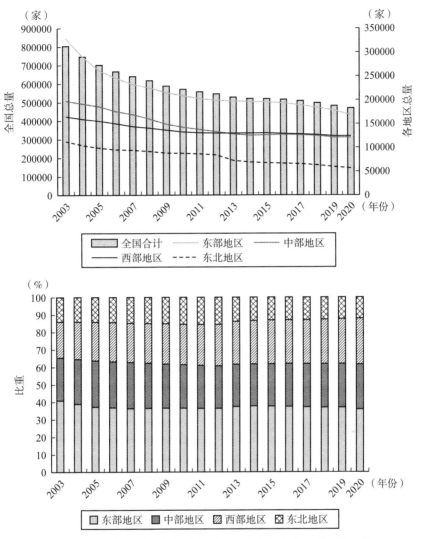

图 3 −1 −1　全国及四大区域 2003 ～ 2020 年国有企业总量及比重

有企业数量总体上有所减少。分阶段来看，2003 ～ 2008 年，国有企业数量明显减少，其中以东部沿海地区变化最为显著，2012 ～ 2020 年国有企业总量变化则不甚明显，仅东北地区和中部地区的部分城市国有企业数量减少略多，这意味着我国针对国有企业数量的改革正在从大刀阔斧向提质增效转变。原因可能在于面对社会主义市场经济不断完善、百年未有之大变局进入深入演变期的新时代发展格局，实现从"追赶时代"到"引领时代"的转变迫切地要求我国解决当前国有经济改革存在的体制机制障碍，提升国有经济活力与核心竞争力，追求国有经济的全方位发展。区域层面来看，东部地区和东北地区国有企业总量减少情况最为显著，国有企业布局的区域差距也呈现进一步缩小的趋势。究其原因，东部地区和东北地区国有企业数量减少明显主要来源于其经济基础较好，在改革开放初期便凭借政策优势等兴建了大批的国有企业，之后也成为国企改革的重要阵地。从城市层面分析，2003年国有企业数量最多的五个城市分别为广州市、沈阳市、南京市、重庆市和上海市，2008年、2012年和2020年的前五名城市虽然排名有些变化，但均为上海市、北京市、沈阳市、哈尔滨市和广州市。可以发现，虽然我国针对国有企业进行了多轮改革重组，但各城市国有企业占全国的比重和地位并未发生明显改变。这主要与我们进行国有企业改革的指导方针有关，2017年10月党的十九大报告就进一步指出要"加快国有经济布局优化、结构调整、战略性重组"，而并不是针对国有企业数量的片面调整。

2. 新建和退出国有企业演变趋势及调整成效分析

在218.90万条国有企业有效数据中，只有6778家国有企业从所在地迁出，鉴于此可以判断，国有企业的新建和退出才是决定国有企业空间布局情况的主导力量，因此本课题组进一步分析了2003～2020年各地级市新建和退出国有企业数量的变化情况。从新建国有企业数量变化情况看，2003～2020年，全国及四大区域当年新建的国有企业数量虽有波动但总体呈现下降趋势（见图3-1-2和表3-1-1）。全国当年新建的国有企业数量从2003年的6.24万家下降到2020年的1.47万家，降幅达到76.44%。从区域层面看，四大区域当年新建的国有企业数量变化趋势与全国基本一致。单就数量看，东部地区几乎一直处于领先地位，占比维持在30%左右，东北地区每年新建数量则明显少于其他地区，2020年占比甚至下降到7.46%，西部地区则后来居上，先后于2008年和2014年超过了东部地区和中部地区。究其原因，除了各区域本身要素禀赋和经济基础的差异之外，可能还应归因于 2000 年 10 月，中共十五届五中全会提出的把实施西部大开发、促进地区协调发展作为一项战略任务，此后西部地区凭借国家的政策优势步入了崛起的快车道。

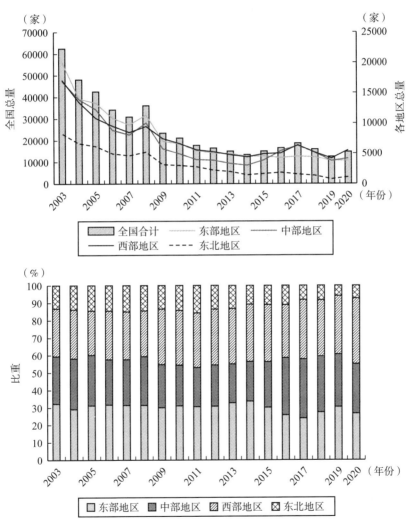

图 3－1－2　全国及四大区域 2003～2020 年当年新建的国有企业数量及比重

表 3 - 1 - 1　全国及四大区域主要年份当年新建的国有企业数量　　　单位：家

当年新建国有企业数量	2003 年	2008 年	2012 年	2014 年	2017 年	2020 年
全国合计	62444	36074	16415	13375	18712	14714
东部地区	20149	11343	5064	4505	4487	3926
中部地区	16928	10038	3866	3028	6312	4161
西部地区	17088	9463	5254	4394	6369	5530
东北地区	8279	5230	2231	1448	1544	1097

　　分阶段来看，2003～2007 年，全国及四大区域当年新建国有企业数量下降趋势最为明显，2009～2014 年当年新建国有企业数量虽仍有降低但总体变化较为平稳，2015～2017 年则略显反弹之势，之后便恢复缓慢减少趋势。原因可能在于我国于 2003 年正式成立了国务院国有资产监督管理委员会，加强对国有企业的监督审查，并于 2004 年出台了《关于中央企业国有经济布局和结构调整若干重大问题的思考》，对央企国有经济布局和结构调整提出"四个集中"和"五个优化"的指导思想，并针对国有企业存在的诸多问题开展了一系列清理整顿工作，所以 2003～2007 年当年新建国有企业数量降幅颇高。随着新时代的到来，国企改革的重点也有所转变，2016 年习近平总书记在全国国有企业改革座谈会上就指出，"要按照创新、协调、绿色、开放、共享的发展理念的要求，推进结构调整、创新发展、布局优化，使国有企业在供给侧结构性改革中发挥带动作用"[1]，更加凸显了国有经济空间布局和结构优化的重要性。可以看出，新建国有企业的相关程序也会更加科学规范，而不是一味地卡数量。

　　从国有企业退出情况来看，2003～2020 年，全国及四大区域当年退出的国有企业数量虽总体呈现下降趋势但波动较大（见图 3 - 1 - 3 和表 3 - 1 - 2）。全国当年退出的国有企业数量从 2003 年的 10.64 万家下降到 2020 年的 2.53 万家，降幅接近 76.24%。从区域层面看，东部地区

---

① 《理直气壮做强做优做大国有企业》，载于《人民日报》2016 年 7 月 5 日，第 1 版。

当年退出的国有企业数量变化趋势与全国基本一致，东北地区波动较大，中部地区和西部地区不管是从数量上还是趋势上均较为接近。2003 年作为国有企业改革的关键年份，兼并重组、清理整顿现象大规模存在，故而当年退出的国有企业数量达到峰值。

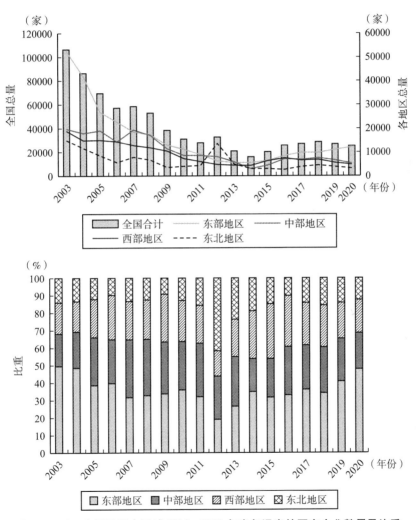

图 3 – 1 – 3　全国及四大区域 2003～2020 年当年退出的国有企业数量及比重

表 3 - 1 - 2　全国及四大区域主要年份当年退出的国有企业数量　　单位：家

当年退出国有企业数量	2003 年	2008 年	2012 年	2014 年	2017 年	2020 年
全国合计	106448	52930	32667	15944	27025	25291
东部地区	52723	17337	6261	5566	9773	12089
中部地区	19802	17093	8045	3005	6853	5247
西部地区	18937	11846	4751	4357	6546	4782
东北地区	14986	6654	13610	3016	3853	3173

分阶段来看，除了 2008 年和 2012 年当年退出的国有企业数量略有增加之外，全国和四大区域的整体下降趋势并未受到影响。原因可能在于 2008 年开始，受国际金融危机的影响，面对国际贸易环境的不断变化，为实现经济增长方式转变及产业结构调整，解决国有经济整体行业分布面过宽和空间分布过于分散的问题，我国进一步对以央企为代表的国有经济提出的兼并重组意见，并对兼并重组规则进行进一步细化。此外，2012 年作为新时代的开元之年，在一系列减量化政策的推动下，"兼并重组""整合壮大"成为现代化建设过程中新一轮国有经济改革的突破口。

从地级市层面来看，2003～2020 年，中国各地级市当年新建的国有企业数量总体呈现下降趋势，各城市的平均水平从 2003 年的 183 家下降为 2020 年的 43 家，降幅接近 76.50%。究其原因，2003 年是国企改革的重要转折点，同时也是西部大开发战略实施的重要年份，国有企业新建现象呈现一片繁荣之势，尤其集中在中部地区和西部地区的诸多城市。2003 年新建国有企业数量最多的五个城市为重庆市、上海市、沈阳市、哈尔滨市和郑州市，分别达到 1873 家、1037 家、917 家、891 家和 813 家。2020 年的前五名城市则变为遵义市、杭州市、绵阳市、西安市和济南市，其新建国有企业数量也仅为 346 家、206 家、173 家、164 家和 154 家。可以发现，城市层面的国有企业新建情况在 2003～2020 年期间发生了重大变化，其重心更为分散，集中连片现象不再突出，区域间差异也呈现减小趋势。这与我国近年来促进区域协调发展战略的实施关系密切。

2003～2020 年，中国各地级市当年退出的国有企业数量总体亦呈现下降趋势，各城市的平均水平从 2003 年的 312 家下降为 2020 年的 74 家，降幅接近 76.28%。区域层面来看，2003～2020 年，各城市当年退出国有企业数量的分布重心也从东部地区和中部地区向东北地区和西部地区转移。原因可能在于东部地区和沿海地区在国企建设初期便凭借区位优势和经济基础兴建了大量国有企业，其国有企业存量巨大，所以在国家针对国有企业开启一系列兼并重组改革后，东部地区国有企业退出现象普遍出现。而西部地区近年来涌现的国有企业退出小高潮则更多地来自西部大开发战略。从城市层面分析，2003 年退出国有企业数量最多的五个城市为沈阳市、广州市、海口市、鞍山市和长春市，分别达到 3978 家、3026 家、2995 家、2489 家和 2112 家，主要位于东北地区和南部沿海地区。2020 年的前五名城市则变为杭州市、上海市、广州市、北京市和南京市，其退出国有企业数量也仅为 1450 家、768 家、740 家、705 家和 467 家。可以得出，城市层面的国有企业退出情况在 2003～2020 年期间也发生了重大变化，但小范围的集中现象依旧明显。这与各级地方政府针对国有企业的具体改革措施不无关系。

3.1.2　国有独资和国有控股企业空间布局演变趋势及调整成效

国有控股和国有独资作为国有企业的主要组成部分[①]，其重要性不言而喻，本项目进一步考察了国有控股和国有独资企业的分布状况，结合图 3-1-4 可以看出，2003～2020 年，全国及四大区域国有独资和国有控股国有企业总量虽存在波动但总体呈现上升趋势。全国国有

---

① 由于全民所有制企业在国有企业中所占比重较大，而现阶段针对国有企业的研究主要是研究国有独资和国有控股企业，故本项目进一步剔除全民所有制企业数据后，观察国有独资和国有控股企业的分布状况。

独资和国有控股国有企业总量从 2003 年的 20.28 万家上升到 2020 年的 30.09 万家，各省份的平均水平也由 2003 年的 0.65 万家增加到 2020 年的 0.97 万家。从区域层面看，东部地区、中部地区和西部地区国有独资和国有控股国有企业总量变化趋势与全国基本一致，东北地区上升趋势则不甚明显。具体而言，东部地区国有独资和国有控股国有企

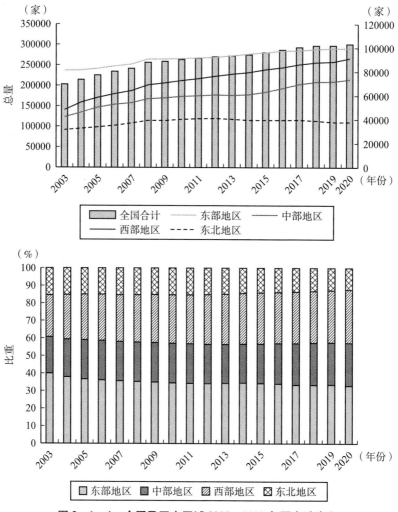

图 3 − 1 − 4　全国及四大区域 2003 ~ 2020 年国有独资和

国有控股国有企业总量及比重

业总量遥遥领先于其他地区，占比曾一度高达 40%，中部地区和西部地区虽然趋势上均较为接近，但数量上西部地区却更胜一筹。究其原因，一方面在于东部地区要素禀赋和区位优势明显，其经济基础雄厚，国有企业发展一直处于引领地位；另一方面西部大开发及区域协调发展战略的实施，为西部地区提供了大量的资金支持和政策优惠，因此西部地区国有独资和国有控股国有企业数量的增长也更为明显。

进一步分析各地级市国有独资和国有控股企业数量的变化情况，发现各城市的平均水平也由 2003 年的 595 家上升为 2020 年的 882 家，涨幅达到 48.24%。主要原因在于 2003 年国资委正式成立，并于 2004 年在广泛调研的基础上出台了《关于中央企业国有经济布局和结构调整若干重大问题的思考》，对央企国有经济布局和结构调整提出"四个集中"和"五个优化"的指导思想，优化调整其数量和布局有利于充分发挥国有经济的核心竞争力。区域层面看，中部地区和西部地区国有企业总量增加较为明显，同国有企业的总体布局类型，国有控股和国有独资国有企业数量布局的区域差距也呈现进一步缩小的趋势。究其原因在于，2000 年中共十五届五中全会通过的《中共中央关于制定国民经济和社会发展第十个五年计划的建议》强调："实施西部大开发战略、加快中西部地区发展，关系经济发展、民族团结、社会稳定，关系地区协调发展和最终实现共同富裕，是实现第三步战略目标的重大举措。"而国有企业作为西部大开发和发展中西部地区的重要载体也不断向中西部地区扩张和迁移。从城市层面分析，截至 2020 年，国有控股和国有独资国有企业数量最多的五个城市分别为上海市、沈阳市、广州市、北京市和哈尔滨市，同全部国有企业数量前五名城市大体一致。可以得出，不论是全民所有制国有企业，还是国有控股和国有独资国有企业，仍是更倾向于向经济发展水平高的城市集聚。

3.1.3　国资委监管的国有经济空间布局演变趋势及调整成效

国资委作为国有企业的主要监管机构，成立的最初目的在于督促国有企业实现资产保值增值，解决国有经济多部门监管、监督效率低等问题。2015年8月中共中央、国务院颁布的《关于深化国有企业改革的指导意见》明确提出，要进一步完善国有企业监管制度，以管资本为主推进国有资产监管机构职能转变，国资委的国有企业监管职能实现了从"管人管事管资产"向"管资本"为主的转变。由于天眼查企业信息数据库中企业注册资本数据存在大量缺失，无法具体反映国有资本的空间布局演变趋势及调整成效。为进一步分析国有资本的空间布局演变趋势及调整成效，我们利用《中国国有资产监督管理年鉴》公示的由国资委管理的国有企业的数据①对国有资本的空间布局演变趋势及调整成效进行详细分析。

1. 国资委监管的国有企业空间布局演变趋势及调整成效

整体来看，2003～2020年我国国资委监管的国有企业数量呈现出先下降后上升的趋势。全国国资委监管的国有企业数量首先从2003年的12.84万家下降至2009年的8.99万家，这主要得益于我国自2003年之后针对国有经济布局和结构的优化调整。2003年国资委正式成立，国有企业的改革与重组也开始在一个新的体制机制下，按照既定的规划、实施规则有序进行。2006年12月国务院转发国资委《关于推进国有资本调整和国有企业重组的指导意见》，明确提出国有资本调整和国有企业重组的主要目标，即进一步推进国有资本向关系国家安全和国民经济命脉的重要行业和关键领域集中。在一系列国企改革政策的影响下，包含央企在内的各地国有企业呈现出"兼并重组"的趋势，国有企业的数量开始持续缩减，至2009年仅剩8.99万家，下降了29.96%。随着我国经济进入新常态，国企改革逐渐进入了深水区，国有企业数量也在波动性增长。截至2020年，我国共有国有企业14.50万家，2009～2020年年均增长2.85%。这主要是因为在国有经济优化调整的过程中，一方面旧国有企业会因改制退出、关闭注销和合并重

---

① 其中江苏省、天津市2007年数据缺失，采用中值法补齐。2014年之后年鉴统计口径发生变化，不再统计72个中央部门（单位）所属的国有企业，此外2014年国有大型企业调整和重组的力度再次升级，二者共同的原因造成了2014年国企数量"断崖式"下降。

组而数量减少,另一方面各地方政府为满足当地经济发展、产业升级的需要会投资新设国有企业,随着我国地方政府因财政缺口造成的压力不断增大,地方国有企业数量也在持续增长。[①]

从区域层面看,四大地区之间的国有企业数量逐渐向东部和西部地区集中,既反映了不同地区的经济发展需求,也有利于国有经济空间布局的持续优化,整体上推动国家区域协调发展战略的进一步实施。各地区国有企业数量变化趋势在 2003~2020 年有所不同,东部、中部和西部地区整体呈现出先下降后上升的波动性趋势,而东北地区在时序上呈现出下降的趋势(见图 3-1-5)。从四大区域看,东部、中部和西部地区国有企业数量均在 2008~2009 年时间段达到最低,下降比例分别为 20.48%、42.87% 和 30.87%。东部和西部地区国有企业数量在此之后均有大幅度增加,截至 2020 年年均增长率分别为 4.05% 和 6.50%,而中部地区仅增加 1.79%。出现这种现象主要得益于我国针对国有经济布局的动态调整,东部地区污染较大、能耗较高的企业开始向西部地区转移,同时东部地区的经济发展需求又催生出许多新国有企业。东北地区在 2003~2020 年则呈现出下降趋势,下降比例达 53.27%,超半数的国有企业因市场化改革、产业结构优化等原因被关闭或重组。整体上,2003 年我国东部、中部、西部和东北部国有企业数量占全国比重分别为 45.79%、21.10%、23.23% 和 9.88%,经过针对国有经济的动态调整和各地区基于当地经济发展需要增减国有企业数量,在 2020 年我国东部、中部、西部和东北部国有企业数量占全国比重分别为 51.92%、13.56%、30.43% 和 4.09%,国有企业在数量上开始向东部和西部地区集中,结构相对优化。从各个省份看,除北京和黑龙江之外,其余各省份国有企业数量基本都呈现先下降后上升的

---

① 以江苏省为例,2012 年末,江苏省纳入企业国有资产统计的国有及国有控股企业数量为 5242 家,其中新增 552 家、减少 428 家,净增加 124 家。企业增加的主要原因:企业投资新设企业 263 家,占新增数量的 47.6%;纳入企业合并财务报表范围的子企业增加;部分企业集团所属四级及以下企业作为单户汇报。企业数量减少的主要原因是改制退出、关闭注销和合并重组。

趋势，但对比 2003 年和 2009 年国有企业数量来看整体升降不一。在 2003～2020 年，北京的国有企业数量持续上升，而黑龙江持续下降。具体来说，2003～2020 年，有 17 个省份国有企业数量上升，14 个省份下降，[①] 其中上升幅度最大的 5 个省份分别为甘肃、北京、浙江、四川和重庆，北京和浙江位于东部地区，主要得益于政策落地快、国有经济基础好，而甘肃、四川和重庆则通过国企数字化转型和当地政策双重因素承接了诸多国企；[②] 下降幅度最大的 3 个省份分别为河南、黑龙江和河北，均是能耗高污染大的传统产业集中地，相关国企也大量被关闭或重组。

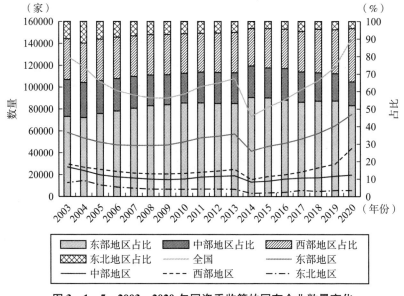

图 3 - 1 - 5　2003～2020 年国资委监管的国有企业数量变化

---

①　仅比较 2003 年和 2020 年国有企业数量，有 17 个省份增加，14 个省市下降。数据来源于《中国国有资产监督管理年鉴》。

②　以重庆市为例，为支持和推动国企上市，出台了《关于进一步推进市属国有重点企业整体上市工作的指导意见》，明确提出了 5 项优惠政策，涉及行政性收费、能源、税费、资本金、国企职工再就业等，并且重庆因此成为全国首个政府发文指导国有企业整体上市的省份。

2. 国资委监管的国有资本空间布局演变趋势及调整成效

从全国层面来看，2003～2020 年我国国有经济规模在时序上呈现出波动性上升的趋势，国有资产总量增加了 24.33 倍，针对国有企业的调整和重组成功实现了国有资产的保值增值，有助于保持国有经济的主体地位，有助于发挥社会主义制度的优越性。从全国层面来看，我国国有资产总量从 2003 年的 3.05 万亿元增加至 2020 年的 77.22 万亿元，年均增长 20.94%，这主要得益于各大国有企业针对自身国有资产增值保值的目标。一方面，国有资产监管提出了保值增值的要求，2006 年 12 月国务院转发国资委《关于推进国有资本调整和国有企业重组的指导意见》，指出要"坚持加强国有资产监管，严格产权交易和股权转让程序，促进有序流动，防止国有资产流失，确保国有资产保值增值"；另一方面，国有企业自身的管理经营也围绕着国有资产保值增值展开，"国有企业首要的职责，就是实现国有资产保值增值"。[①] 值得注意的是，在 2014 年国有资产出现了小幅度的下降，从 29.06 万亿元下降至 27.53 万亿元，这主要是因为部分拥有大量第三产业资产的地方国有企业的改制退出、关闭注销。[②]

从区域层面看，自 2003 年以来我国国有经济质量在空间布局上逐渐呈现出"两边强中间弱"的趋势，国有资产在东部和西部地区具有集聚现象，并且进一步向西部地区集中。这不仅有利于东部地区传统产业部门的国有经济产业结构进一步优化，而且能够发挥企业集聚效应，拉动西部地区实现经济跨越式发展。从图 3-1-6 可以看出，在 2003～2020 年我国东部、中部、西部和东北地区国有资产总量均有明显的上升趋势。具体来说，截至 2020 年，我国东部、中部和西部地区国有资产总量分别为 42.08 万亿元、12.55 万亿元、19.67 万亿元和 2.93

---

①　李克强总理在 2016 年 11 月 29 日的国务院常务会议上强调："国有企业首要的职责，就是实现国有资产保值增值。这是衡量国企工作优劣的关键！"

②　在国企混合所有制改革的过程中，针对国有资本不需要控制并可以由社会资本控股的国有企业，可采取国有参股形式或者可以全部退出。此阶段国有资本的退出也主要发生在第三产业中不涉及国民经济命脉的重要行业和关键领域的国有企业。

万亿元，年均增长率分别为 20.37%、21.37%、23.19% 和 16.63%，这
主要得益于各地国有企业将国有资产的保值增值作为主要目标。从四
大区域看，2003 年东部、中部、西部和东北地区国有资产占全国比重
分别为 59.06%、15.30%、18.62% 和 7.02%。随着我国国有经济布局
调整与结构优化的开展，截至 2020 年，东部、中部、西部和东北地区
国有资产占全国比重分别为 54.49%、16.25%、25.47% 和 3.79%，国
有经济布局实现了在空间领域上的动态调整，国有经济从高度集中的
东部地区向国有经济布局不足的中西部地区转移，东部与西部地区国
有经济实力雄厚，中部与东北地区国有经济实力不足，形成了"两边
强中间弱"的区域布局。综合分析国有资产与国有企业户数可以看到，
西部地区较其他地区明显资产集中度更低，平均企业规模更小，而其
他地区相差不大。从各个省份来看，各省份国有资产总量均呈现出明
显的上升趋势。年均增长率排名前三的省份分别为云南、新疆和重庆，
平均每年增长 25.33%、24.94% 和 24.74%，均处于西部地区，这主要
得益于东部地区污染大能耗高的国有企业的转移和当地政策对国企的

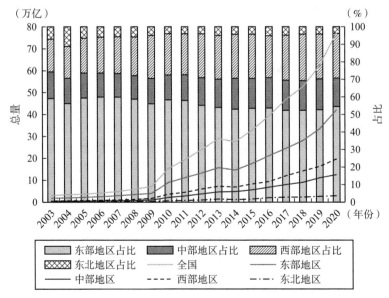

图 3 - 1 - 6　2003~2020 年国资委监管的国有资产总量变化

吸引力。而河南、河北和辽宁位列后三位，年均增长率分别为
12.65%、13.38%和14.86%，均位于中部或东北地区，当地国有企业
多为传统资源型企业。①

综上所述，自2003年国务院国资委正式成立以来，我国国有经济
空间布局的调整与优化进入了一个新的阶段。从数量来看，经历了国
有企业的改制退出、关闭注销和合并重组，东部、中部和西部地区的
国有企业数量均呈现出先下降后上升的趋势，而东北地区由于产业落
后缩减了大量国有企业；从质量来看，国企混合所有制改革、国资监
管体制完善等一系列改革措施使得我国各地区国有资产总量均呈现稳
步上升的趋势，国有资产空间分布更为均匀，并逐渐集中于关系国家
安全和国民经济命脉的关键领域。综合国有经济空间布局数量和质量
的变化历程来看，我国国有经济调整从"管企业"向"管资本"转
变，从"去粗"向"取精"转变。自2003年以来，为解决国有经济整
体行业分布面过宽和空间分布过于分散的问题，中央和地方国资委开
始关闭注销诸多污染大、能耗高的国有企业，同时推动优势企业强强
联合和兼并重组，其结果是国有企业数量从2003年的12.84万家下降
至2009年的8.99万家。通过"管企业"的方式也完成了国有企业的
"去粗"，数量的缩减也带来了质量的提升和空间布局的优化，2003～
2009年国有资产年均增长率为15.18%，东部、西部地区的国有资产
占比分别从59.06%、18.62%调整为56.12%、24.45%。此后，我国
国企改革开始逐渐从"去粗"向"取精"转变，国企数量呈波动性增
长，国有经济开始向设计国家安全和国民经济命脉的支柱产业集中。
以2013年党的十八届三中全会通过的《中共中央关于全面深化改革若
干重大问题的决定》为依据，我国的国企改革正式从以管企业为主向
管资本为主转变。随着高质量国有企业的不断涌现，国有经济的质量
也获得更大的提升，空间和产业布局也在持续优化，2009～2020年，

---

① 以河北省为例，2013年末国有资产总量为0.67万亿元，其中煤炭、冶金工业国有资
产总量为0.25万亿元，占比37.31%。

我国国有资产年均增长 24.20%，截至 2020 年，东部、中部、西部和东北地区国有资产占全国比重分别为 54.49%、16.25%、25.47% 和 3.79%。国有经济空间布局数量的调整带来了质量的提升，同时也伴随着国有经济产业结构的不断优化。

3.2 国有经济产业布局的演变趋势及调整成效

3.2.1 国资委监管的国有企业产业布局的演变趋势及调整成效

2003～2020 年我国国企数量的变动趋势反映了其熨平经济波动、稳定经济增长的压舱石作用①。此外，从四大区域看国有企业虽然在数量上仍有差距，但是三大产业比重逐渐趋同，在发挥区域比较优势的同时注重区域协调发展。图 3-2-1～图 3-2-3 报告了 2003～2020 年我国国有企业按细分行业和三大产业划分的数量和所占比重的变动情况。从整体上看，我国国有企业数量变动呈现出一种 "W" 型趋势：从 2003 年的近 13 万家降低到 2008 年的 9 万家左右，国企数量减少了大约 4 万家。其原因可能是 2003 年国资委成立以来，国有企业改革与重组进入一个新的阶段，2004 年和 2006 年相继出台《关于中央企业国有经济布局和结构调整若干重大问题的思考》和《关于推进国有资本调整和国有企业重组的指导意见》进一步加快了国有企业重组的步伐，在重组过程中为了实现国有资产保值增值的目标大量企业进行了合并重组，由此导致了企业数量的减少。2008～2013 年，受全球金融危机的影响，为保障国民经济平稳增长，我国出台了 "四万亿计划"，各级政府为发展国民经济建立了大量的国有企业，国企数量在此期间增加

---

① 数据来自《中国国有资产监督管理年鉴》，研究范围为国资委监管的国有企业及国有资本。

了 4.5 万家左右，超过了 2003 年的水平。2014 年国企数量明显减少，由统计口径发生变化和国企改革与重组进入新一阶段两方面原因造成，此后国企数量平稳增长，到 2020 年达 14.5 万家。

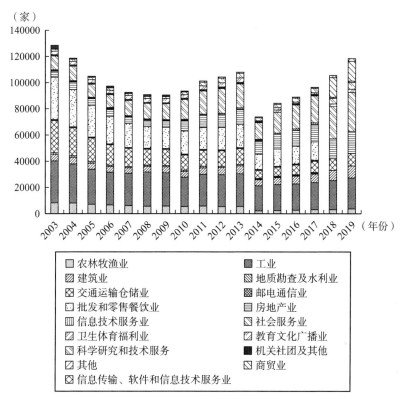

图 3 - 2 - 1　2003～2019 年国资委监管的各行业国有企业数量变动趋势

从细分行业看①，2003～2013 年阶段各行业国企数量整体上保持同比例的减少和增加，批发和零售、餐饮业企业数量所占比例略有减少，

---

① 在 2003～2020 年行业统计口径发生了部分变化，2004 年交通运输业和仓储业开始分开统计，为了便于比较，本章将交通运输业与仓储业相关数据相加合并为交通运输仓储业进行分析。2011 年开始机关社团及其他行业不再统计，新增了金融业和其他两个行业；2018 年开始地质勘查及水利业、邮电通信业、批发和零售、餐饮业、信息技术服务业和卫生体育福利业不再统计，新增了商贸业和信息传输、软件和信息技术服务业。此外，相关年份数据总量由各行业数据加总所得，以下图表同。

从 24.14% 降低到 15.46%；房地产类企业与科学研究和技术服务类企业数量所占比例有所增加，其中房地产类企业数量所占比重从 3.53% 上升到 9.76% 左右，科学研究和技术服务类企业数量所占比重从 2.13% 上升到 4.85% 左右。2014～2020 年，工业企业数量并没有随着国企总数的增加而显著增加，企业数量主要增加的行业是社会服务业以及科学研究和技术服务类企业，其中社会服务业所占比重从 13.38% 上升到 19.90% 左右，科学研究和技术服务类企业所占比重从 4.07% 上升到 5.44% 左右。由此可见，社会服务业及科学研究和技术服务类企业数量明显增加，国有企业行业布局调整成果显著（见图 3 - 2 - 2）。

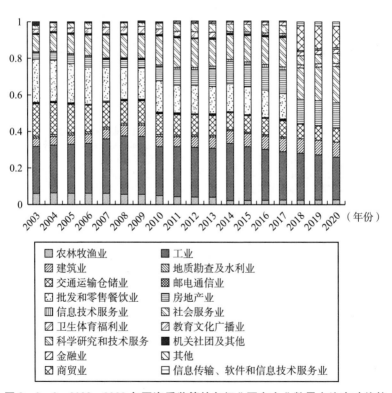

图 3 - 2 - 2 2003～2020 年国资委监管的各行业国有企业数量占比变动趋势

从三大产业看，国有企业数量的变动主要是由第三产业企业数量的变动引起的，其主要原因是第一产业和第二产业关乎国计民生和国民经济关键领域的行业较多，其数量调整的比例较小，而第三产业随着我国社会主义基本经济制度的不断完善和社会主义市场经济的发展，非公有制企业可提供的服务种类和质量不断向好，同时为了促进国有资本的优化配置，政府出台了向社会力量购买服务的政策，因此从事第三产业的国企数量调整较大。具体来看，第一产业总体呈现下降趋势；第二产业在波动中增长，尤其是进入新时代以来，我国推行日益重视实体经济发展，第二产业企业数量平稳增长；第三产业企业数量波动较大，但 2014 年以来快速增长，这与我国始终坚持供给侧结构性改革、不断推进产业结构优化的举措相匹配，与我国经济从工业化和制造业驱动向城市化和现代服务业驱动转变的大背景相契合（见图 3 - 2 - 3）。

图 3 - 2 - 4 分别显示了我国东部、中部、西部和东北四大区域按三次产业分国企数量的变动趋势，从整体来看其变动趋势与全国层面国企数量的变动趋势较为相似，但不同的区域同时表现出不同的特点。具体来看，东部地区由于其经济发展水平较高，国企数量明显多于其他三个区域，产业结构水平明显较高，国有企业主要集中在第三产业，2020 年与 2003 年相比数量有所上升。中部和东北地区由于其面积较

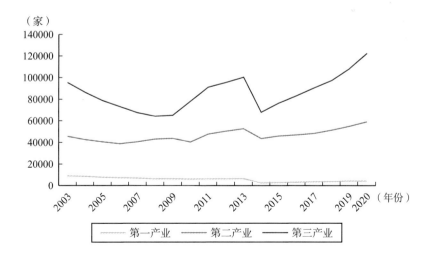

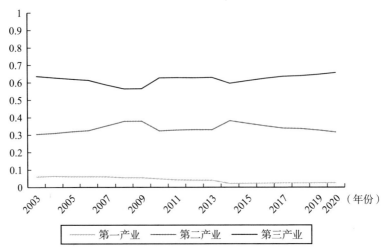

图 3 - 2 - 3   2003 ～ 2020 年国资委监管的三次产业国有企业数量和比重变动趋势

小，且东北地区经济增速近年来低于全国平均水平，其国企数量相较 2003 年有所减少，第三产业虽然数量最多，但是占比相较东部地区偏低。西部地区由于地域广袤且受益于西部大开发战略的大力实施，国企数量有所增加，尤其是进入新时代以来更加注重区域协调发展的背景下，无论是企业数量还是产业结构都有所改善。

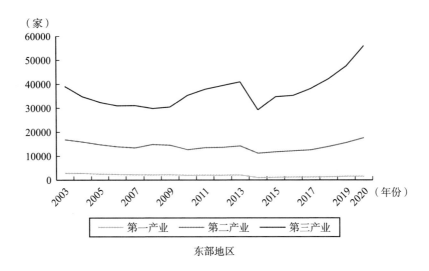

东部地区

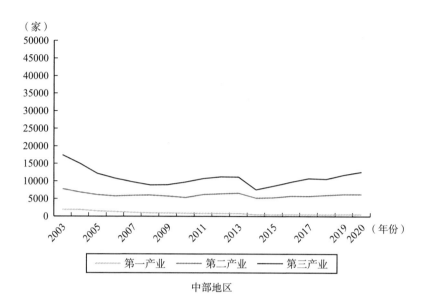

中部地区

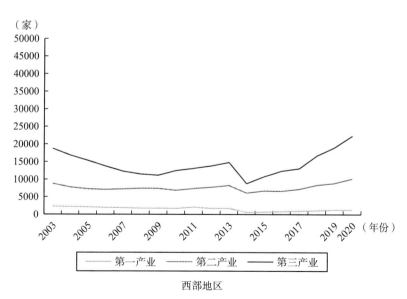

西部地区

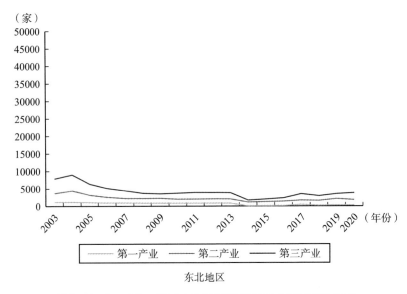

（家）

东北地区

图 3 - 2 - 4　2003～2020 年国资委监管的四大区域三次产业
国有企业数量变动趋势

从我国东部、中部、西部和东北四大区域按三大产业分国企数量
所占比重的变动趋势来看（见图 3 - 2 - 5）。东部地区的产业结构水平
更高，三大产业企业数量占比从 2003 年的 4.89%、28.64% 和 66.47%
调整为 2020 年的 2.38%、23.40% 和 74.22%，第一产业和第二产业比
重下降，同时第三产业比重明显上升，产业结构优化明显，东部地区
作为创新驱动的先锋，一直大力开拓新兴产业，发展知识技术密集型
产业和高档消费品工业，因此国有企业更集中于第三产业。细分行业
来看，国有经济重点分布在商贸业、交通运输业、房地产业以及社会
服务业。这是因为东部地区是经济最先发展起来的地区，凭借优越的
地理位置以及成熟稳定的生产能力，商贸业发展强势并且带动与之密
切相关的交通运输业的发展。中部地区三大产业企业数量占比从 2003
年的 7.02%、28.76% 和 64.22% 调整为 2020 年的 2.89%、32.93% 和
64.18%，第二产业占比上升，而第一产业和第三产业占比有所下降，
至 2020 年已成为第二产业占比最高的地区，中部地区本身就是煤炭和

机械工业等国家重点培育和发展的支柱产业的主要集中地，同时为发挥中部地区的比较优势，中部地区也承接了大部分从东部地区转出的劳动密集型产业，从而导致了中部地区第二产业占比的上升。西部地区三大产业企业数量占比从 2003 年的 7.68%、29.53% 和 62.79% 调整为 2020 年的 4.60%、29.85% 和 65.55%，第一产业企业数量占比下降，而第二产业和第三产业占比上升，其同样是因为我国国内产业在区域之间的转移引起的，同时 2014 年以来西部地区第三产业企业数量快速增加，体现了我国在实现全面脱贫过程中对西部大开发战略的实施力度不断加大，以缩小区域经济发展不平衡。东北地区三大产业企业数量占比从 2003 年的 9.25%、28.82% 和 61.93% 调整为 2020 年的 5.57%、30.33% 和 64.10%，虽然第一、二、三产业比重均呈下降趋势，但仍是第一产业国有经济占比最高的地区，其原因在于东北地区是我国重要的粮食产区，其诸多地理优势使其跃升为我国最大的粮仓。由于新常态以来经济发展速度较低，2014 年后第三产业企业数量虽有所增加，但一直没有恢复到 2013 年之前的水平。总而言之，从产业结构角度看，我国国企数量的空间分布仍然存在较大的不平衡和不协调。

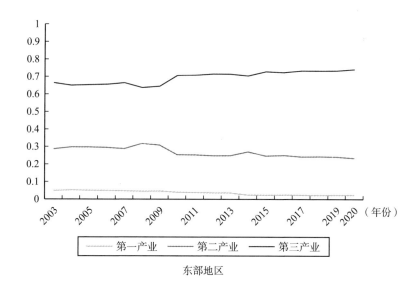

东部地区

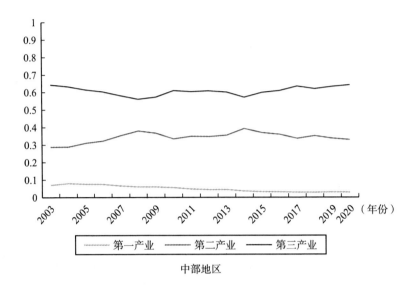

中部地区

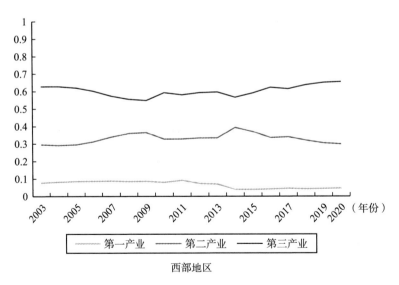

西部地区

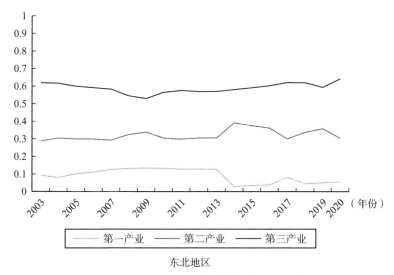

东北地区

图3-2-5 2003~2020年国资委监管的四大区域三次产业
国有企业数量比重变动趋势

3.2.2 国资委监管的国有资产产业布局的演变趋势及调整成效

我国国有经济2003~2020年在质量上的调整推动了产业水平的提高，四大区域三大产业国有资产总量占比的变化集中体现了我国经济发展质量的提高。图3-2-6~图3-2-8分别显示了2003~2020年按行业细分和按三大产业分我国国有企业资产总量的变动情况。与数量层面的"W"型演变趋势不同，资产总量在2003~2020年间总体呈上升趋势，仅在2013~2014年因统计口径和新一轮国企改革和重组而有所下降。分阶段来看，2008~2013年与2014~2020年两个阶段增长速度较快，但促进其快速增长的内在机制不同：2008~2013年快速增长是基于"四万亿计划"而推动的单纯数量上的增长，2014~2020年的快速增长是新一轮国企改革从"管企业"转变为"管资本"、大力推动国有经济混合所有制改革背景下所推动的，不仅仅是一种数量上的增长，还有其质量上的提升。

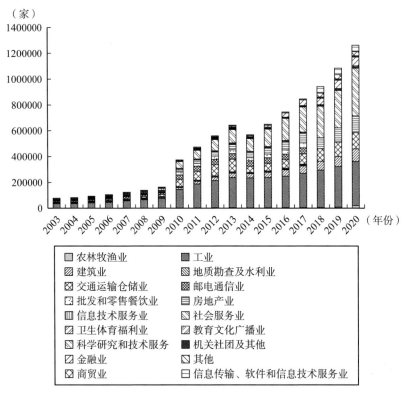

（家）

图 3 - 2 - 6 2003 ~ 2020 年全国国资委监管的各行业国有企业资产总量变动趋势

从细分行业看，在绝对量方面各个行业资产总量均有跨越式的增长，在相对量方面，工业和交通运输仓储业类企业资产总量所占比重下降，工业类资产总量从 2003 年的 47.55% 下降到 2020 年的 26.96%，交通运输仓储业类资产总量从 2003 年的 14.56% 下降到 2020 年的 9.91%；房地产业和社会服务业类企业资产总量所占比重有所上升，在 2003 ~ 2020 年间，房地产业资产总量所占比重从 2.14% 上升到 10.37%，社会服务业类企业资产总量所占比重从 10.47% 上升到 29.19%，此外，2020 年信息传输、软件和信息技术服务业类企业资产总量所占比重达 4.09%，与 2003 年信息技术服务业资产总量所占比重 0.22% 相比有巨大提升。可见我国国有企业资产从以劳动密集型行业为主逐渐向技术和资本密集型行业为主转变。但值得注意的是，截至

2020 年，作为代表第一生产力的科学研究和技术服务业，国有资产总量仅占全国国有资产总量的 1.16%，这表明国有经济在落实创新驱动战略上依然还有很大的进步空间，在高端服务领域投入严重不足，未能充分发挥国有经济的作用。

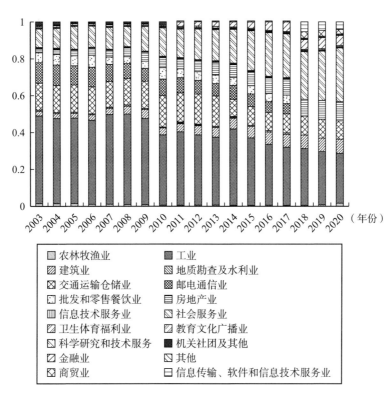

图 3 - 2 - 7 2003 ~ 2020 年全国国资委监管的各行业国有

企业资产总量占比变动趋势

从三大产业看（见图 3 - 2 - 8），在绝对量方面，第一产业国企资产总量缓慢上升，我国始终重视作为国民经济基础的农业的发展；第二产业国企资产总量平稳较快增长，尤其是 2014 ~ 2020 年增长速度越来越快，体现了我国对实体经济的重视程度不断上升；第三产业国企资产总量增加速度自 2008 年以来保持最高，同时可以看出统计口径变化和国企退出主要集中在第三产业，这与当前国有经济第一、二产业主要集中在国民经济的关键领域的现实相符。在相对量方面，三大产业资产总量从 2003 年分别为 1.47%、50.08% 和 48.45% 调整为 2020 年的 1.66%、34.73% 和 63.61%，产业结构水平上升明显，从以第二产业为主转变为以第三产业为主，且第三产业资产总量所占比重仍在不断上升，且相较于国有企业数量，国有资产在第三产业中更加集中。

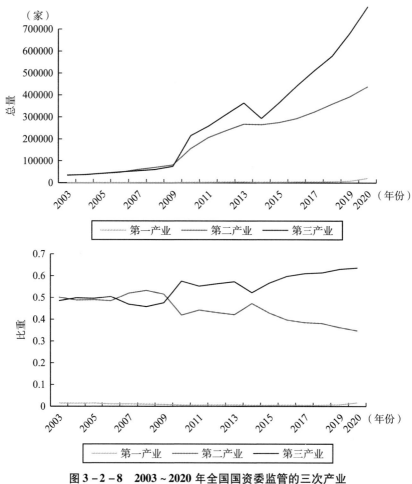

图 3 - 2 - 8　2003～2020 年全国国资委监管的三次产业
国有企业资产总量和比重变动趋势

图 3 - 2 - 9 分别显示了我国东部、中部、西部和东北四大区域按三次产业分国企资产总量的变动趋势。从图中可以看出，2013 ~ 2014 年国有企业资产总量下降主要是由东部和东北地区第三产业国有企业资产总量的下降引起的。一方面，中央部门（单位）所属的国有企业主要集中在这两个区域；另一方面，东部地区经济发展水平较高，作

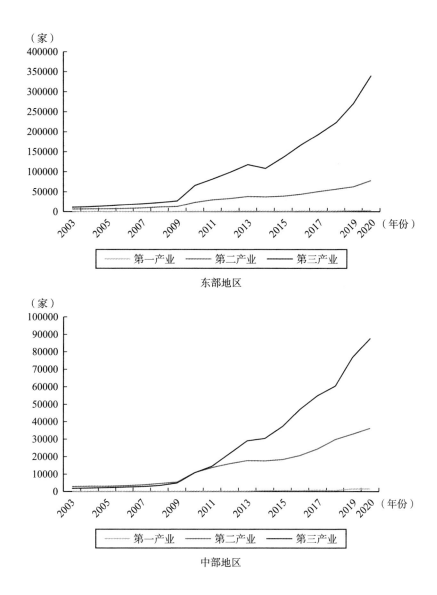

东部地区

中部地区

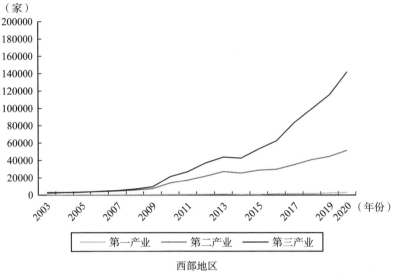

西部地区

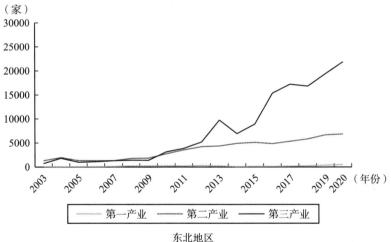

东北地区

图3-2-9 2003~2020年四大区域国资委监管的三次
产业国有企业资产总量变动趋势

为第三产业国有企业的替代品的非国有企业发展较好，能够更好地代替部分国企职能提供第三产业相关行业的服务，从而部分行业国企资本退出以实现国有资本的保值增值。

图3-2-10分别显示了我国四大区域按三大产业分国企资产总量

占比的变动趋势。从图中可以看出，在考察期间我国中部、西部和东
北地区国企资产总量占比由第二产业为主转变为第三产业为主，说明
我国产业结构水平在此期间有明显的提高。同时四大区域 2020 年国有
企业资产总量均以第三产业为主，但所占比重不同，分别为 80.80%、
69.91%、72.25% 和 74.82%，由此可见不同区域国有经济产业布局还
存在较为明显的异质性。

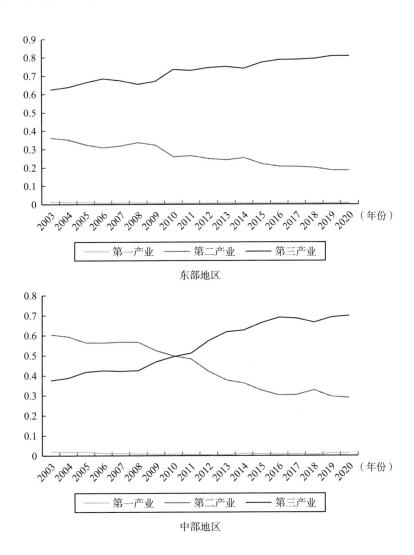

东部地区

中部地区

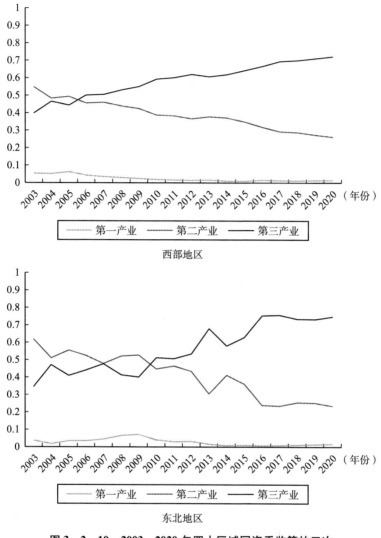

西部地区

东北地区

图 3 - 2 - 10   2003 ~ 2020 年四大区域国资委监管的三次
产业国有企业资产总量比重变动趋势

作为中国经济的支柱力量，国有企业曾经承担着增进就业的重要职能，但随着改革深入这一职能趋于弱化（刘海洋等，2019）。图 3 - 2 - 11 ~ 图 3 - 2 - 13 分别报告了 2003 ~ 2020 年按行业细分和按三次产业分我国国有企业从业人员数量和比重的变动情况。与国有企业资产总量整体呈明显的上升趋势相反，国有企业从业人员数量呈波动下降的趋势。从细分行业来看，从业人员数量最多的工业在绝对数量上从2003年的2058万人下降为2020年的1423.5万人，减少了600万人左右，所占比重上从2013年的48.67%下降为2020年的45.12%，仅下降了3.55个百分点。此外，农业和社会服务业等劳动密集型产业从业人员数同样处于下降趋势。

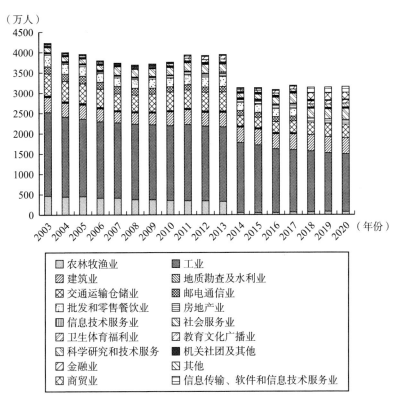

图3-2-11　2003~2020年全国国资委监管的各行业国有企业从业人员数量变动趋势

从三大产业看，2003~2013年第一产业从业人员数量缓慢下降，第二产业从业人员数量先下降后又伴随着我国应对金融危机的政策有所上升，第三产业从业人员数量有所增加，从比重看三次产业从业人员数量总体变动较小。2014 年以来，由于对三农的重视不断提高和农村减贫战略的实施，第一产业从业人员数量有所上升，同时，供给侧结构性改革下第二产业部分行业去库存去产能，从业人员显著减少，并伴随着经济发展质量的提高向第三产业转移，可见从业人员结构伴随着产业结构水平的提升也在不断优化调整。

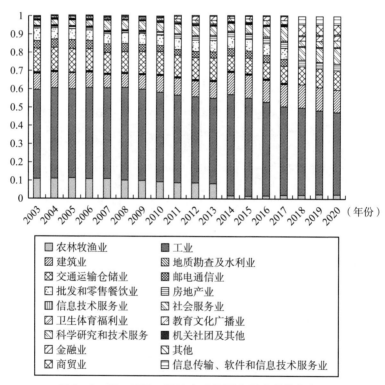

图 3 – 2 – 12　2003 ~ 2020 年全国国资委监管的各行业
国有企业从业人员数量占比变动趋势

综上所述，在空间布局层面上，我国国有企业仍然呈现出发展不平衡的态势。从国有企业数量上来看，东部地区和西部地区产业结构均以第三产业为主，并且提升明显，而中部地区和东北地区产业结构虽同样以第三产业为主，但企业数量占比有所下降，第二产业企业数量占比有所上升。不同的是，从国有企业资产总量上来看，四大区域均以第三产业为主，东部、中部、西部和东北地区资产总量占比分别为 80.80%、69.91%、72.25% 和 74.82%。由此可以看出，第三产业以资本密集型产业为主，而第二产业以劳动密集型产业为主。这种产业性质的差异以及产业结构的差异将会造成四大区域经济发展质量和水平上的差异，由此可能会进一步加剧区域经济发展上的不平衡。

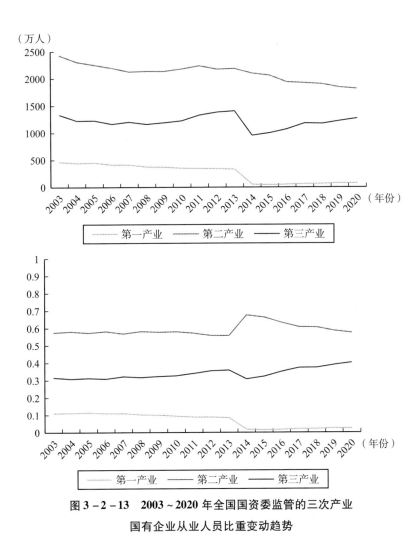

图 3 - 2 - 13　2003～2020 年全国国资委监管的三次产业
国有企业从业人员比重变动趋势

在产业布局层面上，2003～2020 年无论从国有企业数量还是国有企业资产总量上来看，第三产业的比重均显著上升，产业结构水平不断优化。尤其是以直接服务人民美好生活需要的社会服务业和有利于推动国家创新水平的科学研究和技术服务业比重显著增加，说明我国国有企业产业布局的质量明显提高。但与此同时，与国有企业产业布局不同，国有企业从业人员数量以第二产业为主，说明第二产业人均资本占有率较低，需要不断提高第二产业的生产技术水平，优化国企从业人员的结构，使之与国企产业布局同步，从而推动国有经济高质量发展。

3.3　国有经济空间及产业布局现存问题

我国经济已经从高速增长转向高质量发展阶段，对于国有经济也要有更高的要求，"十四五"时期乃至未来更长时间，我国国有经济布局优化和结构调整不仅要服务于企业自身的高质量发展，而且更要服务于整个国民经济的高质量发展，将更加看重促进国有资本更好实现其功能定位和使命要求的"做优目标"（黄群慧，2020）。上述统计结果显示，我国在大力推动国有企业改革的同时，通过国有资本战略性重组、集中优势资源、聚焦关键环节和重要领域、提高国有资本运作效率等多种方式来优化国有经济布局、调整国有经济结构并取得了显著的效果。但同时，国有经济仍然存在空间布局非均衡性明显，产业布局不协调问题突出，总体布局调整趋于固化，效率与规模不匹配等问题依旧突出。

3.3.1　国有经济空间布局非均衡性明显

国有经济的空间布局在经历了一系列调整优化后，在实现落后产业国有企业数量缩减的同时，保持了国有资产总量的稳步上升，国有资产空间分布更为均匀，并逐渐集中于关系国家安全和国民经济命脉的关键领域，实现了从"去粗"向"取精"转变，在推进国有企业兼并重组、改制退出的同时，实现了国有资本的保值增值。但是，从区域层面看，我国国有经济空间布局深度及调整效果差异较大，一方面，四大区域国有经济发展水平仍不平衡，尽管东部地区国有企业数量占比和国有资产占比虽在总体上呈现下降的趋势，但截至 2019 年，东部、中部、西部和东北地区国有资产占全国比重分别为 52.71%、17.50%、25.62% 和 4.17%，国有企业数量占全国比重分别为 54.59%、15.68%、25.03% 和 4.70%，国有经济仍高度集中在东部地区；另一方面，即使在各经济带或城市群内部国有经济也有很大的差距，诸如"京津冀"城市群内部，河北与北京、天津在国有资本总量上差距悬殊，对于实现区域协调发展，推进城市群一体化建设是非常不利的。

3.3.2　国有经济产业布局不协调问题突出

我国国有经济产业布局的调整主线一直是将国有经济加快向关系国家安全、国民经济命脉和国计民生的重要行业和关键领域集中，在这一战略目标指导下，我国国有经济占第二产业的比例波动中增长，尤其是进入新时代以来，我国日益重视实体经济发展，第二产业国有企业数量平稳增长，国有经济总量快速上升。但一方面，我国国有经济在三次产业间的分布仍不合理，第二产业的国有企业数量和国有资本总量仍不及第三产业，国有资本由工业、交通运输仓储业向基础服务业如社会服务业和信息技术服务业、城市化相关行业如建筑和房地产布局调整，截至 2019 年，三大产业国有企业数量占比为 2.4%、24.1% 和 73.5%，国有资产总量占比分别为 0.8%、36.2% 和 63.0%，第三产业在国有经济中占有绝对优势；另一方面，第三产业内部行业分布亦存在不合理现象，截至 2019 年，作为代表第一生产力的科学研究和技术服务业国有企业数量虽有所上升，但其国有资产总量仅占全国国有资产总量的 1.12%，在高端服务领域投入严重不足，产业集中度不够、关键领域缺失。同时，我国不同区域间国有经济产业布局不协调问题尤为突出，第三产业在东部、中部、西部和东北四大区域所占比重不同，分别为80.7%、69.2%、71.1%和73.3%，但从国有企业数量上来看，东部地区和西部地区产业结构均以第三产业为主，而中部地区和东北地区产业结构以第二产业为主，并且中部地区由于承接了大部分从东部地区转移出的劳动密集型产业，第二产业占比逐渐呈上升趋势，这种产业性质以及产业结构的差异不仅不利于区域自身的发展转型，并且会造成四大区域经济发展质量和水平上的差异，由此可能会进一步加剧区域经济发展上的不平衡。

3.3.3 国有经济布局调整趋于固化

经过多年的改革，我国的国有经济布局得到了一定程度的优化，但近几年又出现了固化的趋势。虽然我国国有企业总体数量呈下降趋势，但调整过程中"进多退少"现象明显：国有企业退出数量逐年下降，2015年开始新建国有企业数量出现反弹之势，国资委监管国有企业的数量自2014年开始更是呈现上升趋势。由于国有经济的空间布局调整主要依赖于新建和腾退国有企业，国有企业退出进度的逐年放缓使国有经济布局调整趋于固化。从细分行业来看，建筑业、房地产业等一般竞争性行业的国有企业数量和国有资本总量的比重甚至还有上升趋势，国有经济重经济建设、轻公共服务，重经济基础设施、轻社会事业发展的情况长期存在。2003～2019年，国资委监管的建筑业和房地产业国有企业数量占全部国有企业的比重分别从4.62%和3.53%上升至8.02%和13.83%，国有资产占全部国有企业的比重分别从2.53%和2.14%上升至7.20%和10.21%，并未完全实现国有资本向主责主业的聚焦，而是广泛分布于国民经济行业的95个大类中，分布范围依然过宽，同时，截至2019年，信息技术服务业、教育文化广播业和科学研究和技术服务业三大公共服务行业国有资产的占比分别为4.64%、0.22%和1.12%，合计只有5.98%，还不及煤炭、石化、冶金、机械、化学工业单一工业行业国有资产的比例，也低于商贸等传统服务业。应当加快竞争格局趋于成熟、战略重要性趋于下降的产业领域国有经济退出步伐（陈东琪等，2015；中国社会科学院工业经济研究所课题组，2014）。从区域层面来看，各城市当年退出国有企业数量的分布重心从东部地区和中部地区向东北地区和西部地区转移，东北地区和西部地区国有企业的大量退出带来的是国有资产的减少，截至 2019 年，东部、中部、西部和东北地区国有资产占全国比重分别为52.71%、17.50%、25.62% 和 4.17%，东北地区和中部地区的国有资产显著低于东部和西部地区，如若国有企业退出重心继续向东北地区和西部地区转移，地区间的资源错配将更为明显。

3.3.4　国有经济效率与规模不匹配

国有经济效率与规模不匹配的主要诱因是国有企业功能目标不明确和分类监管不到位，导致经营机制不活、效率不高。一些国企缺乏公平、平等的市场竞争意识，企业大而不强，没能充分发挥行业集中度高的优势。以规模以上工业企业为例，截至 2019 年底，规模以上国有工业企业资产回报率为 3.4%，而 2019 年民营企业规模以上工业企业资产回报率为 7.3%，是国有工业企业的 2.14 倍。此外，2019 年底民营企业专利发明占比超过 75%，民间投资占比为 60%，就业存量占比为 80%，各项指标均领先于国有企业。这表明，国有部门整体的经营效率低于非国有部门，仍有不小的差距。同时，从吸纳就业的情况来看，国有经济虽在国民经济中占有主体地位，但与国有企业资产总量整体呈明显的上升趋势相反，国有企业从业人员数量呈波动下降的趋势，对就业困难人群的吸纳能力减弱。从业人员数量最多的工业在绝对数量上从 2003 年的 2058 万人下降为 2019 年的 1443.6 万人，减少了 600 万人左右。此外，农业和社会服务业等劳动密集型产业从业人员数同样处于下降趋势。从根本上来讲，国有企业急需解决由于产权性质所导致的所有者缺位、激励约束不足以及社会公共责任负担过重等造成的问题。

第 4 章

战略性新兴产业国有经济空间及产业布局的演变趋势及调整成效

2008 年全球金融危机爆发后，为应对经济危机，各国纷纷出台相关措施，把发展战略性新兴产业当作推动经济增长和实现经济复兴的突破口，战略性新兴产业也被视作抢占新一轮国际经济制高点和主导新一轮国际经济竞争的核心产业。金融危机的爆发造成了中国经济巨大波动的同时，也暴露出了我国发展中的一些问题，我国需要转变经济发展方式，打造经济发展新引擎。在此背景下，国家开始谋划战略性新兴产业的培育和发展（万钢，2010）。战略性新兴产业是指以重大技术突破和重大发展需求为基础，对经济社会全局和长远发展具有重大引领带动作用，成长潜力巨大的产业，是新兴科技和新兴产业的深度融合，既代表着科技创新的方向，也代表着产业发展的方向，具有科技含量高、市场潜力大、带动能力强、综合效益好等特征。当前，我国进入了新发展阶段，2020 年 10 月 29 日，习近平同志在中共十九届五中全会第二次全体会议上，明确了新发展阶段的概念。新发展阶段是中华民族伟大复兴战略全局和世界百年未有之大变局两个大局交织下的阶段，面对中华民族伟大复兴战略全局，战略性新兴产业是中国经济社会和长远发展行稳致远的必要环节；面对世界百年未有之大变局，战略性新兴产业是中国不断实现科技创新、缩小同发达国家之间的差距、在更多领域"领跑"世界的重要法宝。新发展阶段是社会主义初级阶段中量的积累阶段，是一个动态、积极有为、始终洋溢着蓬勃生机活力的过程，对于经济社会而言，这就需要发展有巨大成长潜力和重大带动作用、综合效益好的产业以激发经济社会的活力；新发展阶段是努力完成历史宏愿的阶段，也是我们党带领人民迎来从站起来、富起来到强起来的历史性跨越的新阶段，历史宏愿的完成、富起来到强起来的跨越都需要国家有强大的经济实力支撑，而战略性新兴产业恰恰是可以带动经济社会全局和长远发展的重要引擎；新发展阶段是向更高阶段迈进的阶段，我们党领导人民治国理政，很重要的一个方面就是要回答好实现什么样的发展、怎样实现发展的重大问题。新时代新发展阶段贯彻新发展理念，要从实现中华民族伟大复兴、全面建设社会主义现代化国家的高度来认识。党的十九届五中全会中提出"关键核心技术实现重大突破，进入创新型国家前列"，这就需要集中力量推动一些关键核心技术的发展，战略性新兴产业正是基于这样的目的被划分出来并不断发展的。战略性产业本质上属于符合国家重大战略利益并完全符合国家中长期发展战略导向的重大领域。新发展格局下，中国战略性新兴产业肩负着构建现代产业新体系、支撑新旧增长动能转换、引领中国产业迈向中高端和实现经济社会中高速、高质量、可持续发展的新使命。

中国特色社会主义进入新时代，我国社会主要矛盾已经转化为人民日益增长的美好生活需要和不平衡不充分的发展之间的矛盾，经济发展面临的主要矛盾和矛盾的主要方面在供给侧。国有企业是中国特色社会主义的重要物质基础，是社会主义市场经济产品和服务的重要供给侧。国有企业参与战略性新兴产业发展既有助于国家和地区优化经济结构，提升经济发展质量，也有助于推动国有资本向前瞻性战略性产业集中。国有企业是我国国有经济的重要组成部分，是培育和发展战略性新兴产业的主导力量。国有企业借助自身优势发展战略性新兴产业，有助于抢占新一轮经济和科技发展制高点，带动全社会经济转型发展，提高经济增长质量和效益，形成新的经济增长点。首先，战略性新兴产业投资具有资金需求量大、投资周期长和投资风险高等特点，要求进入企业必须获得较强的资金实力、技术研发能力、风险管控能力和丰富的人才资源（巫强和刘蓓，2014），在这些方面，国有企业在资金、技术、人才、风险管控和政策支持等方面有巨大的优势（张杰，2016；郭晓丹和宋维佳，2011）。其次，国有企业在研发效率上并不低于非国有企业，一般认为国有企业存在产权不清、委托代理等问题，研发投入可能没有得到最有效率的使用（陆国庆等，2014），有实证结果显示这并不是事实，非国有企业在市场的驱动下能够以最小的投入获得最大的产出，国有企业也能做到这一点。国有企业通常会得到更多的政策支持，这可能会有助于研发效率的提高（董明放和韩先锋，2016）。最后，对于一些发展刚刚起步的战略性新兴产业，其市场竞争力不足，国有企业可以提供有效的市场需求，从消费的角度扶持战略性新兴产业的发展（贺俊和吕铁，2012）。为了促进国有企业推动战略性新兴产业的发展，要对国有企业布局进行一定的调整。习近平总书记在不同场合，就国企的重要地位和作用、加强国企党的建设、深化国企改革、建设中国特色现代国有企业制度、防止国有资产流失等诸多方面作出一系列重要论述，这是我们调整优化国有资本布局的根本遵循。就国有资本布局结构战略性调整，习近平总书记强调，促进国有资本项目向战略性关键性领域、优势产业集聚，加快国有经济战略性调整步伐。党的十九大提出了国有资本布局调整的总的任务目标，即加快国有经济布局优化、结构调整、战略性重组，推动国有资本做强做优做大，培育具有全球竞争力的世界一流企业。中央关于深化国企改革的指导意见明确了国有资本布局的重点领域和调整路径，国务院及有关部门规划了国有资本重点进入的产业。党的二十大强调要深化国资国企改革，加快国有经济布局优化和结构调整，推动国有资本和国有企业做优做大做强，提升企业核心竞争力。因此，新发展阶段国有经济布局于战略性新兴产业具有重要意义，要重点关注新发展阶段国有经济布局于战略性新兴产业的内在逻辑、显著特征与战略方向。

　　新发展阶段国有经济布局于战略性新兴产业的内在逻辑主要包括以下四个方面：新发展阶段战略性新兴产业国有经济发展的历史逻辑、战略性新兴产业国有经济对经济安全的重要意义、战略性新兴产业国有经济对高质量发展的重要意义和战略性新兴产业国有经济对共同富裕的重要意义。2003～2020 年国有战略性新兴产业布局出现了一些调整，存在以下三个显著特征：第一，国有战略性新兴产业质量、占比齐升。在国有企业减量化发展的背景下，国有战略性新兴产业的质量和占比均呈上升趋势。第二，国有战略性新兴产业战略重心逐渐转移。国有战略性新兴产业区域重心呈现出向西部倾斜的态势。第三，国有战略性新兴产业产业链呈现高级化发展和高端化迁移的趋势。但是，国有战略性新兴产业的发展还存在着一些问题，因此，本章提出新发展阶段国有经济布局于战略性新兴产业的战略方向。第一，目前我国战略性新兴产业的产业布局侧重于第三产业金融业的发展而不是实体经济行业，对于我国处在新发展阶段推动高质量发展的目标来说是缺乏合理性的。未来我国国有战略性新兴产业的产业布局应该向实体经济行业倾斜，向制造业、高新技术产业和节能环保领域集中，推动实体经济的发展。第二，在国有战略性新兴产业区域发展和布局上，东部地区和西部地区战略性新兴产业发展较好，而东北地区相对落后。四大区域均侧重于第三产业金融业的发展，具有一定的发展趋同性和盲目性。各大区域的金融业发展都是有效率的，东北地区的先天优势产业发展缺乏效率，一定程度上体现了东北地区重资本、轻实业的情况。未来我国国有战略性新兴产业的产业布局应提高我国国有战略性新兴产业的区域适配度，充分发挥各区域的先天优势，还要注重各区域的协调发展。第三，对比不同发展阶段战略性新兴产业和传统产业的发展历程，我国战略性新兴产业正处于成长阶段，未来很长一段时间依旧需要发挥国有企业的支撑作用来推动我国战略性新兴产业的发展。

4.1 战略性新兴产业国有经济布局优化和结构调整的内在逻辑

4.1.1 战略性新兴产业国有经济发展的历史逻辑

自 2010 年 9 月 8 日《国务院关于加快培育和发展战略性新兴产业的决定》颁布，提出"加快培育和发展以重大技术突破、重大发展需求为基础的战略性新兴产业"和"把战略性新兴产业培育成为国民经济的先导产业和支柱产业"后，国家为培育和发展战略性新兴产业接续颁布了一系列政策。2012 年 7 月 9 日，国务院印发《"十二五"国家战略性新兴产业发展规划》，指明战略性新兴产业的重点发展方向和主要任务是：节能环保产业，新一代信息技术产业，生物产业，高端装备制造产业，新能源产业，新材料产业，新能源汽车产业。在扶持战略性新兴产业的政策方面，包括财税政策、科技政策、金融政策等多种政策，提出了多种促进战略性新兴产业国有企业发展的政策措施。"十二五"期间，我国节能环保、新一代信息技术、生物、高端装备制造、新能源、新材料和新能源汽车等战略性新兴产业快速发展。2013年《国务院办公厅关于金融支持经济结构调整和转型升级的指导意见》中提出"加大对有市场发展前景的先进制造业、战略性新兴产业、现代信息技术产业和信息消费、劳动密集型产业、服务业、传统产业改造升级以及绿色环保等领域的资金支持力度"。2015 年，战略性新兴产业增加值占国内生产总值比重达到 8% 左右，产业创新能力和盈利能力明显提升。2016 年 11 月 29 日，国务院印发并实施了《"十三五"国家战略性新兴产业发展规划》，以创新驱动、壮大规模、引领升级为核心，构建现代产业体系，培育发展新动能，推进改革攻坚，提升创新能力，深化国际合作，加快发展壮大新一代信息技术、高端装备、新材料、生物、新能源汽车、新能源、节能环保、数字创意、相关服务业等战略性新兴产业，促进更广领域新技术、新产品、新业态、新模式蓬勃发展，建设制造强国，发展现代服务业，推动产业迈向中高端，有力支撑全面建成小康社会。2018 年，为准确反映"十三五"国家战略性新兴产业发展规划情况，国家对《战略性新兴产业分类》的结构和内容进行了调整。2019 年国家发展改革委下发了《关于加快推进战略性新兴产业产业集群建设有关工作的通知》，在十二个重点领域公布了第一批国家级战略性新兴产业集群建设名单，共涉及 22 个省市自治区的 66 个集群。2020 年《关于扩大战略性新兴产业投资培育壮大新增长点增长极的指导意见》强调了要更好地发挥战略性新兴产业的重要引擎作用，加快推动战略性新兴产业高质量发展，培育壮大经济发展新动能，聚焦重点产业领域，打造集聚发展高地，增强要素保障能力，优化投资服务环境。《"十四五"规划和 2035 年远景目标纲要》指出，要推动战略性新兴产业增加值占 GDP 比重超过 17%。党的二十大报告中提到"推动战略性新兴产业融合集群发展，构建新一代信息技术、人工智能、生物技术、新能源、新材料、高端装备、绿色环保等一批新的增长引擎"。

4.1.2　战略性新兴产业国有经济对经济安全的重要意义

在一国的国家安全战略中，经济安全应居于核心和基础地位，战略性新兴产业的发展对维护国家经济安全具有重要意义。以习近平同志为核心的新一代党中央领导集体对当下我国的安全问题做出了深刻分析，阐释了发展与安全的辩证关系，提出了用科技成果支撑经济建设、注重防范经济风险等重要论断，并提出了总体国家安全观，经济安全是国家安全的重要保障。虽然我国的经济实力稳步提高，但自然资源、科技成果、粮食安全依然存在多方面威胁。因此，加快经济发展步伐，拥有雄厚的物质基础和强大的经济实力是维护国家安全的根本保障。加快经济发展步伐需要战略性新兴产业充分发挥其带动作用；

雄厚的物质基础需要大力发展生产力，大力发展生产力离不开科技的发展和创新，而战略性新兴产业的发展能推动科技的创新、推动生产力的发展，从而推动建立雄厚的物质基础；强大的经济实力不仅需要提高国内生产总值，还要注重经济发展质量。战略性新兴产业是新兴产业和新兴技术的深度融合，有助于提高经济发展质量。习近平总书记在2018年两院院士大会上强调，创新是引领发展的第一动力，是建设现代化经济体系的战略支撑。中国经济进入创新驱动时代后，需要加大科技创新力度，提升产业链供应链水平，实现产业链基础的高级化与供应链水平的现代化，突破"卡脖子"的核心技术与关键零部件、原材料供给，确保国家经济安全。实现国家重大技术突破和满足国家重大发展需求是战略性新兴产业的根本出发点，因此战略性新兴产业的发展对国家经济安全具有重要保障作用。

综合来看，战略性新兴产业对国家经济安全有着重要的战略性意义。首先，对应对国内问题而言，战略性新兴产业的发展是形成国家强大经济实力、建设现代化经济体系的战略支撑。推动高科技创新是发展战略性新兴产业的应有之义（张越等，2021），促进战略性新兴产业发展有利于提高科学技术水平（贾根良和杨威，2012；贾根良，2014），而科学技术是第一生产力，必然促进我国生产力的发展、经济实力的提高；同时，科学技术的推广会促进很多产业由劳动密集型产业向技术密集型产业转型，促进经济结构转型升级，推动现代化经济体系的建设（刘名远和卓子凯，2018）。其次，对应对国际问题而言，战略性新兴产业的发展是消除化解潜在经济风险、抵抗外来冲击的重要保障。当今世界经济局势暗流涌动，我国仍面临着由于创新能力不强而导致的核心技术受制于人的威胁，而战略性新兴产业所涉及的产业恰恰包含关乎我国核心技术、关键零部件发展的产业，发展战略性新兴产业能够在很大程度上帮助我国摆脱核心技术受制于人的局面，从而消除由于技术问题带来的潜在经济风险，使我国在国际竞争中掌握主动权（朱永芃，2011）；同时，其所涉及的产业大多是在实体经济范围内的产业，能够使我国避免产业空心化、经济"脱实向虚"（黄群慧，2017)，从而更好地应对未来可能发生的外来经济冲击。

4.1.3　战略性新兴产业国有经济对高质量发展的重要意义

党的十八大以来，习近平总书记高度重视经济发展问题，提出了关于经济高质量发展的一系列重要论述。习近平总书记在党的十九大报告中首次提出"高质量发展"，指出"我国经济已由高速增长阶段转向高质量发展阶段"。在党的十九届五中全会上，习近平总书记又对高质量发展的范围做了进一步的延伸，指出高质量发展不仅是要提高经济领域的质量和效益，也要拓展到社会的各个领域。习近平总书记在二十大报告中提到，高质量发展是全面建设社会主义现代化国家的首要任务。马克思主义唯物辩证法认为事物的发展是波浪式前进、螺旋式上升的过程，经济发展也是一个螺旋式上升的过程，量积累到一定阶段，必然转向质的提升，这是经济发展的规律使然。我国经济已经实现了一定量的积累，正在转向质的提升，这合乎唯物辩证法的基本原理。

战略性新兴产业对高质量发展具有重要推动作用。首先，战略性新兴产业以国家重大发展需求为基础，而当前高质量发展是全面建设社会主义现代化国家的首要任务，高质量发展是国家的重要发展需求，所以从目的上来看，战略性新兴产业肩负着推动高质量发展的重要使命，在其发展过程中也必然会以推动高质量发展为宗旨，不断推动高质量发展。其次，高质量发展的根本在于经济的活力、创新力和竞争力。而战略性新兴产业是对经济社会全局和长远发展具有重大引领带动作用、成长潜力巨大的产业，有益于提高经济的活力，战略性新兴产业以重大科技突破为基础，是新兴科技与新兴产业的深度融合，有助于提升经济的创新力（舒欢，2016)，战略性新兴产业也是为了突破关键技术"卡脖子"的限制，具有科技含量高、带动能力强、发展潜力巨大、综合效益好等特点的产业，致力于增强经济竞争力。同时，经济发展的活力、创新力和竞争力都与绿色发展紧密相连，密不可分。

战略性新兴产业所涉及的产业中包含节能环保的产业，能推动绿色发展，破解资源约束，推动构建资源节约型、环境友好型社会，从而推动高质量发展（张蕊，2014）。最后，战略性新兴产业的快速健康发展有助于在关系安全发展的领域加快补齐短板，提升战略性资源供应保障能力，加快打造新的增长引擎，从而推动现代化产业体系的建设，构建现代化产业体系是实现高质量发展的主要内容。同时，战略性新兴产业所促进的产业结构转型（张志华和赵波，2017），能对产业结构起到优化作用（吕政，2019），产业结构的优化是高质量发展的基础。

4.1.4　战略性新兴产业国有经济对共同富裕的重要意义

共同富裕是社会主义的本质规定和奋斗目标，也是我国社会主义的根本原则。马克思恩格斯在创立唯物史观和剩余价值学说的基础上，批判吸收了空想社会主义的合理内容，构建起了未来社会共同富裕的图景。未来社会财富充分涌流，生产力高度发达，应建立以公有制为基础的社会制度，并用暴力革命的方式消灭资本主义制度。在 2021 年 8 月中央财经委员会第十次会议上，习近平总书记阐述了共同富裕的内涵，提出了到 21 世纪初、2035 年和 21 世纪中叶分阶段促进共同富裕的目标、要遵循的总体思路、要把握好的四条原则和六大举措等重大问题。[①] 在 2021 年 12 月 8 日中央经济工作会议上，习近平总书记阐述了我国进入新发展阶段需要正确认识和把握的五个重大理论和实践问题，第一个问题就是正确认识和把握共同富裕的战略目标和实践途径，指出财富的创造和分配是各国都面临的重大问题。[②]

战略性新兴产业对实现共同富裕有着积极的促进作用。首先，从

[①] 《在高质量发展中促进共同富裕 统筹做好重大金融风险防范化解工作》，载于《人民日报》2021 年 8 月 18 日，第 1 版。

[②] 《中央经济工作会议在北京举行 习近平李克强作重要讲话 栗战书汪洋王沪宁赵乐际韩正出席会议》，新华网，2021 年 12 月 10 日，http://www.xinhuanet.com/politics/leaders/2021 - 12/10/c_1128152219.htm? comments = 1。

科技方面，战略性新兴产业的发展有助于提高国家的科技创新水平（贾根良，2011），科技是第一生产力，生产力是实现共同富裕的物质基础。其次，从能源方面来看，战略性新兴产业的发展有助于节能环保，促进产业发展向绿色发展迈进，只有绿色发展，才能使发展可持续，发展步伐才能更加稳健，逐步向共同富裕健康迈进。最后，从相关服务业来看，战略性新兴产业中蕴含着共同富裕的思想。共同富裕中强调先富带动后富，最后实现共同富裕，战略性新兴产业被划分并积极培育的目的之一也是通过一部分发展潜力大、市场前景好的产业的发展，带动相关服务业的发展和前后关联产业的发展（李金华，2015），从而带动整个国家经济的发展，为共同富裕提供经济基础和物质保障。

4.2　战略性新兴产业国有经济空间布局的演变趋势及调整成效

4.2.1　战略性新兴产业国有经济空间布局总体演变趋势及调整成效

本章根据国家统计局发布的《战略性新兴产业分类（2018）》，建立与《国民经济行业分类》（GB/T 4754 – 2017）的 97 个行业大类的对应关系，确定 97 个行业大类中的 60 个行业大类涉及战略性新兴产业。结合 2003 ~ 2020 年的《中国国有资产监督管理年鉴》相关数据以及从天眼查企业信息数据库（www. tianyancha. com）获取的 218.92 万条国有企业微观数据，细分行业、产业、区域分析梳理了 2003 ~ 2020 年间我国国有经济战略性新兴产业空间及产业布局的演变趋势及调整成效。2003 ~ 2020 年我国战略性新兴产业国有企业整体及新增数量均呈下降趋势，但其占全国国有企业数量的比重却呈上升趋势。从四大区域看，四大区域的战略性新兴产业国企数量均呈下降趋势，比重上，西部地区战略性新兴产业国有企业数量占全国国有企业数量比重上升，东北地区自 2011 年以后比重逐年下降，东部、中部地区比重略有波动，但相对稳定。

图 4-2-1 报告了 2003~2020 年我国战略性新兴产业国有企业数量的变动情况。在以"抓大放小"为导向的国有企业股份制改革、公司制改制、战略重组以及混合所有制改革背景下，国有中小型企业逐渐从不具备竞争优势的领域退出，因而我国战略性新兴产业国有企业数量呈现下降趋势：从 2003 年的 441700 家降低到 2020 年的 299862 家，下降了 32.11%。图 4-2-1 还报告了 2003~2020 年期间我国战略性新兴产业新建国有企业数量的变动情况，总体上当年新建战略性新兴产业国有企业数量呈下降趋势，从 2003 年的 40220 家下降到 2020 年的 9972 家，降幅 75.21%。2008 年当年新建战略性新兴产业数量出现了一个明显的上升后下降，主要是金融行业战略性新兴产业新建数量变化引起的。受 2008 年金融危机的影响，国家新建金融业国有企业来维持国内金融秩序，金融业当年新建的战略性新兴产业国有企业高达 10829 家。但是由于全国国有企业数量同样呈现下降趋势，从图 4-2-1 战略性新兴产业国有企业数量占全国国有企业数量变化比来看，比重由 2003 年的 54.92% 上升到 2020 年的 63.80%。

从省级层面来看，各省份 2003~2020 年战略性新兴产业国有企业数量变化趋势不尽相同，大部分省份战略性新兴产业国有企业数量呈现下降趋势，广东省、江苏省、河南省下降得最为明显，只有少部分省份战略性新兴产业国有企业数量呈现上升趋势（增加数量排名前三的省份为：贵州省、云南省和内蒙古自治区），体现出向西部地区倾斜的战略性新兴产业布局。从当年新建战略性新兴产业国有企业数量来看，31 个省份中只有西藏当年的新建战略性新兴产业国有数量呈上升趋势，其他省份当年新建战略性新兴产业国有企业数量均呈下降趋势。西藏地区细分行业战略性新兴产业当年新建数量的增加主要是来自金融业、批发零售业和租赁和商务服务业，这与国家一直以来对于金融业和现代服务业的支持有关。

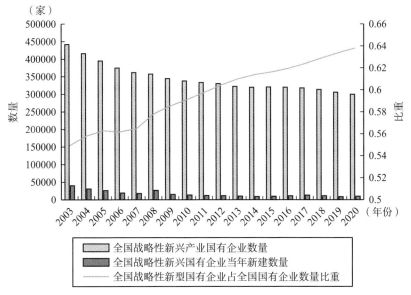

图 4 – 2 – 1 全国战略性新兴产业国有企业数量、当年新建数量
及战略性新兴国有企业数量占全国国有企业数量比重

4.2.2 各区域战略性新兴产业国有经济空间布局演变趋势及调整成效

从四大区域看，东北、西部、东部和中部地区的战略性新兴产业国有企业数量总体上均呈下降趋势（见图 4 – 2 – 2）。东部地区的战略性新兴产业国有企业保有量最多，但下降数量也最多，下降了 69706家，下降百分比仅次于东北地区，下降了 39.57%，但其战略性新兴产业国有企业数量占全国国有企业的比重在四大区域中仍处于领先地位。东北地区的战略性新兴产业国有企业数量最少，2003 年到 2020 年东北地区战略性新兴产业逐年下降，减少了 25790 家，在四大区域中降幅最大，下降了 42.35%。东北地区的战略性新兴产业国有企业数量占全国国有企业的比重也是四大区域中最小的，该比重 2013 年以前呈上升

趋势，2013 年及以后呈下降趋势。东北地区战略性新兴产业国有企业数量前后出现变化可能是由于 2013 年进入新常态以来，东北经济出现断崖式下跌，导致战略性新兴产业的发展停滞。2003～2020 年中部地区和西部地区战略性新兴产业国有企业数量总体上来看都呈下降趋势。2003～2012 年中部地区的战略性新兴产业国有企业数量位列全国第二，2013 年开始西部地区的战略性新兴产业国有企业数量超过了中部地区。中部地区下降数量仅次于东部地区，下降了 35645 家，中部地区的降幅小于东北地区和东部地区的降幅，下降了 31.8%，而西部地区在四大区域中下降数量和下降百分比均最小，下降了 10697 家，降幅11.56%。西部地区战略性新兴产业国有企业数量占全国国有企业数量的比重从 2003 年开始就一直保持总体上升趋势，并于 2013 年开始超过中部地区位居第二。综合来看，西部地区的战略性新兴产业国有企业发展较好，东北地区的战略性新兴产业国有企业发展相对落后。在战略性新兴产业国有企业数量增加的省份中，新增数量排名前三的省份贵州省、云南省和内蒙古自治区均属于西部地区。

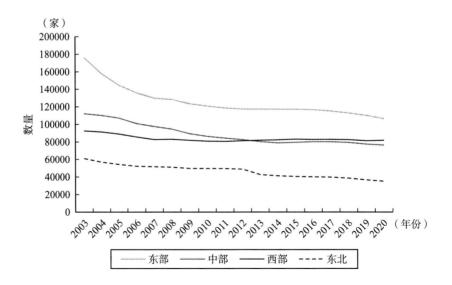

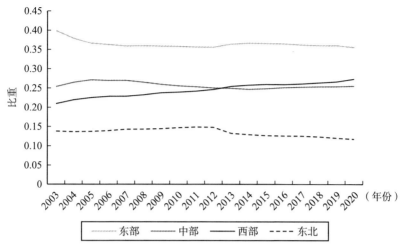

图4-2-2　四大区域战略性新兴产业国有企业数量及其
占全国国有企业数量比重变化情况

4.3　战略性新兴产业国有经济产业布局的演变趋势及调整成效

从数量上来看，战略性新兴产业国有企业主要布局在第三产业，第二产业次之，第一产业最少。从比重上来看，第三产业战略性新兴产业国有企业数量占全国战略性新兴产业国有企业总数量的比重呈逐年上升趋势，第二产业战略性新兴产业国有企业数量占全国战略性新兴产业国有企业数量的比重呈逐年下降趋势，第一产业战略性新兴产业国有企业数量占全国战略性新兴产业国有企业数量的比重出现轻微波动，但总体上较为稳定。四大区域金融业的国有企业战略性新兴产业数量均显著增加，由此可见四大区域均侧重于在第三产业尤其是金融领域发展。

4.3.1 战略性新兴产业国有经济产业布局总体演变趋势及调整成效

如表4-3-1所示，从60个行业大类看，在数量上，2003~2020年，整体数量呈上升趋势的战略性新兴产业共有12个行业大类，主要分布在第三产业，分别是：石油和天然气开采业，水的生产和供应业，互联网和相关服务，货币金融服务，资本市场服务，保险业，其他金融业，商务服务业，水利管理业，生态保护和环境治理业，公共设施管理业和文化艺术业。2003~2020年，整体数量呈下降趋势的战略性新兴产业共有48个大类，主要分布在第二产业，分别是：农业，林业，农、林、牧、渔专业及辅助性工作，煤炭开采和洗选业，黑色金属矿采选业，有色金属矿采选业，非金属矿采选业，其他采矿业，农副食品加工业，食品制造业，酒、饮料和精制茶制造业，纺织业，皮革、毛皮、羽毛及其制品和制鞋业，造纸和纸制品业，石油、煤炭及其他燃料加工业，化学原料和化学制品制造业，医药制造业，化学纤维制造业，橡胶和塑料制品业，非金属矿物制品业，黑色金属冶炼和压延加工业，有色金属冶炼和压延加工业，金属制品业，通用设备制造业，专用设备制造业，汽车制造业，铁路、船舶、航空航天和其他运输设备制造业，电气机械和器材制造业，计算机、通信和其他电子设备制造业，仪器仪表制造业，废弃资源综合利用业，金属制品、机械和设备修理业，电力、热力生产和供应业，燃气生产和供应业，土木工程建筑业，零售业，铁路运输业，航空运输业，电信、广播电视和卫星传输服务，软件和信息技术服务业，研究和试验发展，专业技术服务业，科技推广和应用服务业，机动车、电子产品和日用产品修理业，教育，卫生，新闻和出版业，广播、电视、电影和录音制作业。从在战略性新兴产业中的比重来看，2003~2020年，整体比重呈上升趋势的战略性新兴产业共有23个大类，主要分布在第三产业，分别是：农业，林业，石油和天然气开采业，其他采矿业，水的生产和供应业，土木工程建筑业，航空运输业，电信、广播电视和卫星传输服务，互联网和相关服务，软件和信息技术服务业，货币金融服务，资本市场服务，保险业，其他金融业，商务服务业，专业技术服务业，水利管理业，生态保护和环境治理业，公共设施管理业，教育，卫生，新闻和出版业，文化艺术业。2003～2020 年，整体比重呈下降趋势的战略性新兴产业共有 37 个大类，主要分布在第二产业，分别是：农、林、牧、渔专业及辅助性工作，煤炭开采和洗选业，黑色金属矿采选业，有色金属矿采选业，非金属矿采选业，农副食品加工业，食品制造业，酒、饮料和精制茶制造业，纺织业，皮革、毛皮、羽毛及其制品和制鞋业，造纸和纸制品业，石油、煤炭及其他燃料加工业，化学原料和化学制品制造业，医药制造业，化学纤维制造业，橡胶和塑料制品业，非金属矿物制品业，黑色金属冶炼和压延加工业，有色金属冶炼和压延加工业，金属制品业，通用设备制造业，专用设备制造业，汽车制造业，铁路、船舶、航空航天和其他运输设备制造业，电气机械和器材制造业，计算机、通信和其他电子设备制造业，仪器仪表制造业，废弃资源综合利用业，金属制品、机械和设备修理业，电力、热力生产和供应业，燃气生产和供应业，零售业，铁路运输业，研究和试验发展，科技推广和应用服务业，机动车、电子产品和日用产品修理业，广播、电视、电影和录音制作业。

表 4 - 3 - 1　60 个行业大类战略性新兴产业国有企业数量及占比变化情况

行业		战略性新兴产业国有企业数量（家）			战略性新兴产业国有企业数量占比（%）		
		2003 年	2010 年	2020 年	2003 年	2010 年	2020 年
第一产业	农业	3704	2936	3026	0.84	0.87	1.01
	林业	4145	3917	3224	0.94	1.16	1.08
	农、林、牧、渔专业及辅助性工作	6814	5224	3206	1.54	1.55	1.07

行业		战略性新兴产业国有企业数量（家）			战略性新兴产业国有企业数量占比（％）		
		2003 年	2010 年	2020 年	2003 年	2010 年	2020 年
第二产业	煤炭开采和洗选业	1359	1106	775	0.31	0.33	0.26
	石油和天然气开采业	26	34	48	0.01	0.01	0.02
	黑色金属矿采选业	230	199	141	0.05	0.06	0.05
	有色金属矿采选业	697	459	354	0.16	0.14	0.12
	非金属矿采选业	739	515	435	0.17	0.15	0.15
	其他采矿业	278	206	189	0.06	0.06	0.06
	农副食品加工业	8717	4779	2903	1.97	1.42	0.97
	食品制造业	2704	1313	834	0.61	0.39	0.28
	酒、饮料和精制茶制造业	2575	1309	711	0.58	0.39	0.24
	纺织业	3144	1447	782	0.71	0.43	0.26
	皮革、毛皮、羽毛及其制品和制鞋业	846	389	229	0.19	0.12	0.08
	造纸和纸制品业	1425	626	342	0.32	0.19	0.11
	石油、煤炭及其他燃料加工业	543	269	182	0.12	0.08	0.06
	化学原料和化学制品制造业	5223	2373	1318	1.18	0.70	0.44
	医药制造业	1129	521	306	0.26	0.15	0.10
	化学纤维制造业	92	41	31	0.02	0.01	0.01
	橡胶和塑料制品业	3047	1419	715	0.69	0.42	0.24
	非金属矿物制品业	6655	3499	2051	1.51	1.04	0.68
	黑色金属冶炼和压延加工业	817	384	207	0.18	0.11	0.07
	有色金属冶炼和压延加工业	768	425	252	0.17	0.13	0.08
	金属制品业	3930	1861	1005	0.89	0.55	0.34
	通用设备制造业	7188	3255	1675	1.63	0.96	0.56
	专用设备制造业	3646	1950	1164	0.83	0.58	0.39
	汽车制造业	1312	675	457	0.30	0.20	0.15
	铁路、船舶、航空航天和其他运输设备制造业	1198	636	328	0.27	0.19	0.11

行业		战略性新兴产业国有企业数量（家）			战略性新兴产业国有企业数量占比（％）		
		2003 年	2010 年	2020 年	2003 年	2010 年	2020 年
第二产业	电气机械和器材制造业	2906	1463	822	0.66	0.43	0.27
	计算机、通信和其他电子设备制造业	915	518	348	0.21	0.15	0.12
	仪器仪表制造业	1186	609	321	0.27	0.18	0.11
	废弃资源综合利用业	4118	3313	1092	0.93	0.98	0.36
	金属制品、机械和设备修理业	602	378	258	0.14	0.11	0.09
	电力、热力生产和供应业	11247	11889	7308	2.55	3.52	2.44
	燃气生产和供应业	2105	1346	1316	0.48	0.40	0.44
	水的生产和供应业	3116	3283	3938	0.71	0.97	1.31
	土木工程建筑业	8050	7100	6938	1.82	2.10	2.31
第三产业	零售业	158949	92519	63464	35.99	27.41	21.16
	铁路运输业	152	98	43	0.03	0.03	0.01
	航空运输业	511	543	406	0.12	0.16	0.14
	电信、广播电视和卫星传输服务	21786	21628	15445	4.93	6.41	5.15
	互联网和相关服务	371	547	412	0.08	0.16	0.14
	软件和信息技术服务业	1898	1750	1787	0.43	0.52	0.60
	货币金融服务	62584	58105	67520	14.17	17.22	22.52
	资本市场服务	1067	1767	3564	0.24	0.52	1.19
	保险业	12988	22161	26447	2.94	6.57	8.82
	其他金融业	503	740	1208	0.11	0.22	0.40
	商务服务业	32461	34482	43505	7.35	10.22	14.51
	研究和试验发展	4422	2703	1823	1.00	0.80	0.61
	专业技术服务业	10905	10424	8790	2.47	3.09	2.93
	科技推广和应用服务业	8219	5978	4904	1.86	1.77	1.64
	水利管理业	401	534	895	0.09	0.16	0.30
	生态保护和环境治理业	510	609	849	0.12	0.18	0.28

行业		战略性新兴产业国有企业数量（家）			战略性新兴产业国有企业数量占比（%）		
		2003 年	2010 年	2020 年	2003 年	2010 年	2020 年
第三产业	公共设施管理业	2234	2385	2633	0.51	0.71	0.88
	机动车、电子产品和日用产品修理业	7270	3623	1939	1.65	1.07	0.65
	教育	362	359	303	0.08	0.11	0.10
	卫生	362	249	250	0.08	0.07	0.08
	新闻和出版业	1432	1161	1036	0.32	0.34	0.35
	广播、电视、电影和录音制作业	4092	2523	2094	0.93	0.75	0.70
	文化艺术业	1025	960	1314	0.23	0.28	0.44

从细分行业看（见图 4-3-1 和图 4-3-2），批发零售业、制造业、金融业、租赁和商务服务业变化最大，其中批发零售业和制造业的国有企业数量显著减少，分别减少了 95485 家和 46353 家，教育、卫生和社会工作、交通运输、仓储和邮政业减少变化比较小，分别减少了 59 家、112 家和 214 家。而金融业、租赁和商务服务业的国有企业数量显著增加，分别增加了 21597 家和 11044 家。可以看出政策更偏向于金融业、租赁和商务服务业的发展。2001 年 12 月中国正式加入世界贸易组织（WTO），我国的金融业开始从政策性开放转向制度性开放，金融业的改革步伐明显加快。从 2003 年到 2020 年，金融业、租赁和商务服务业国有企业数量最多的省份都是广东省，其中企业数量在 2017 年最多，有 9846 家。比较 2003 年和 2020 年金融业国有企业数量，金融业国有企业数量增加最多的前三个省份是四川省、安徽省和云南省，分别增加了 2116 家、2110 家和 1881 家。比较 2003 年和 2020 年租赁和商务服务业国有企业数量，租赁和商务服务业国有企业数量的增加最多的三个省份是贵州省、广西壮族自治区和陕西省，分别增加了 2304 家、1130 家和 1028 家。

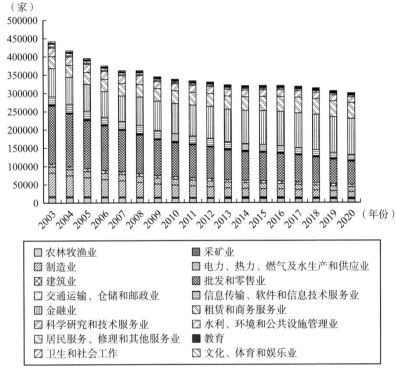

（家）

农林牧渔业　采矿业
制造业　电力、热力、燃气及水生产和供应业
建筑业　批发和零售业
交通运输、仓储和邮政业　信息传输、软件和信息技术服务业
金融业　租赁和商务服务业
科学研究和技术服务业　水利、环境和公共设施管理业
居民服务、修理和其他服务业　教育
卫生和社会工作　文化、体育和娱乐业

图 4 - 3 - 1　全国战略性新兴产业细分行业国有企业数量变化

图 4 - 3 - 3 报告了 2003 ~ 2020 年我国战略性新兴产业国有企业按三大产业划分的数量和所占比重的变动情况。从三大产业看，第一、二、三产业战略性新兴产业国有企业数量均呈下降趋势，其中第三产业战略性新兴产业国有企业的数量远大于第一、第二产业。从三大产业战略性新兴产业国有企业数量变化率对比来看，战略性新兴产业国有企业数量下降比率最大的是二产，一产次之，三产最小。从三大产业看，第一、二产业战略性新兴产业国有企业数量占第一、二、三产业战略性新兴产业国有企业数量总和的比重总体上呈下降趋势，第三产业占第一、二、三产业战略性新兴产业国有企业数量总和的比重总体上呈上升趋势。

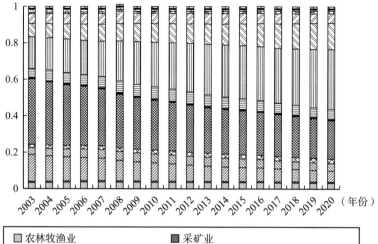

图4-3-2 全国战略性新兴产业细分行业国有企业数量占比变化

具体来看：第一产业战略性新兴产业国有企业数量呈下降趋势，由2003年的14663家逐渐下降到2020年的9456家，下降了35.51%。第一产业战略性新兴产业国有企业数量占第一、二、三产业战略性新兴产业国有企业数量总和的比重，由2003年的3.32%先上升到2007年的3.73%，后逐渐下降到2020年的3.15%，下降了0.17%。第二产业战略性新兴产业国有企业数量呈下降趋势，由2003年的92533家逐渐下降到2020年的39775家，下降了57.02%。第二产业战略性新兴产业国有企业数量占第一、二、三产业战略性新兴产业国有企业数量总和的比重，由2003年的20.95%逐渐下降到2020年的13.26%，下降了7.69%。第三产业战略性新兴产业国有企业数量呈下降趋势，由2003年的334504家逐渐下降到2020年的250631家，下降了25.07%。第三产业战略性新兴产业国有企业数量占第一、二、三产业战略性新兴产业国有企业数量总和的比重，由 2003 年的 75.73% 逐渐上升到 2020 年的 83.58%，上升了 7.85%。由此可知战略性新兴产业国有企业的发展更侧重于第三产业。

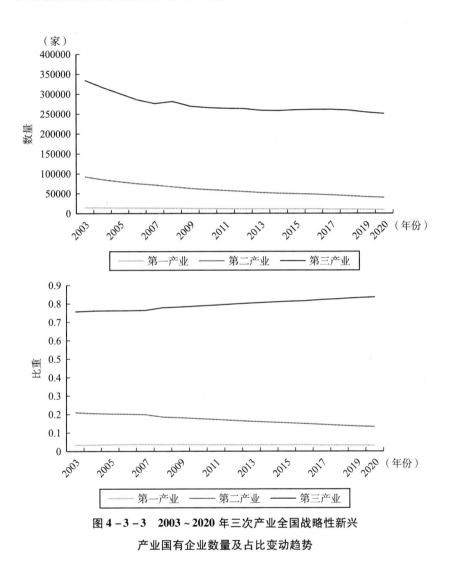

图 4 - 3 - 3　2003 ~ 2020 年三次产业全国战略性新兴

产业国有企业数量及占比变动趋势

4.3.2 各区域战略性新兴产业国有经济产业布局总体演变趋势及调整成效

从四大区域看，在变化趋势方面，四大区域战略性新兴产业国有企业数量均呈下降趋势，但是西部地区下降幅度最小。在数量方面，将 2003 年四大区域战略性新兴产业国有企业数量按照由多到少排序，依次是东部地区、中部地区、西部地区和东北地区。将 2020 年四大区域战略性新兴产业国有企业数量按照由多到少排序，依次是东部地区、西部地区、中部地区和东北地区。对比 2003 年和 2020 年的数量排序，可以看出东部地区和东北地区稳定在四大区域战略性新兴产业国有企业数量的第一名和最后一名，而西部地区却反超了中部地区。综合变化趋势和数量两方面来看，在战略性新兴产业国有企业发展上面，东部地区和西部地区发展得较好，而东北地区相对落后。

图 4 - 3 - 4 报告了 2003~2020 年四大区域战略性新兴产业国有企业按三次产业划分的数量变动情况。从整体上看，东北地区战略性新兴产业国有企业数量呈现下降趋势：第一产业从 2003 年的 2096 家降低到 2020 年的 1417 家，下降了 32.4%。第二产业从 2003 年的 16853 家降低到 2020 年的 5840 家，下降了 65.35%。第三产业从 2003 年的 41945 家降低到 2020 年的 27847 家，下降了 33.61%。西部地区战略性新兴产业国有企业数量变动呈现下降趋势：第一产业从 2003 年的 3426 家降低到 2020 年的 2552 家，下降了 25.51%。第二产业从 2003 年的 17344 家降低到 2020 年的 9566 家，下降了 44.85%。第三产业从 2003 年的 71150 家降低到 2020 年的 69761 家，下降了 1.95%。东部地区战略性新兴产业国有企业数量变动呈现下降趋势：第一产业从 2003 年的 4376 家降低到 2020 年的 2231 家，下降了 49.02%。第二产业从 2003 年的 34077 家降低到 2020 年的 13087 家，下降了 61.60%。第三产业从 2003 年的 137688 家降低到 2020 年的 91117 家，下降了 33.82%。中部地区战略性新兴产业国有企业数量变动呈现下降趋势：第一产业从 2003 年的 4765 家降低到

2020 年的 3256 家，下降了 31.67%。第二产业从 2003 年的 24259 家降低到 2020 年的 11282 家，下降了 53.49%。第三产业从 2003 年的 83065 家降低到 2020 年的 61096 家，下降了 25.47%。由此可知，四大区域均侧重于第三产业。这可能是由于四大区域对于国家出台的《关于发展第三产业扩大就业的指导意见》的响应与执行，各个区域均大力发展第三产业来促进就业水平的提高。

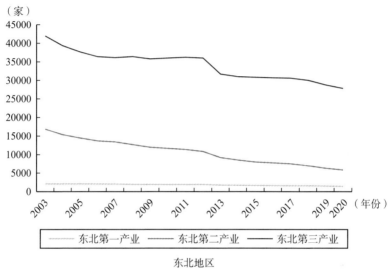

东北地区

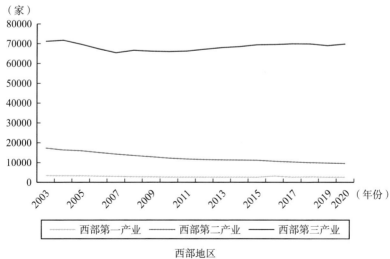

西部地区

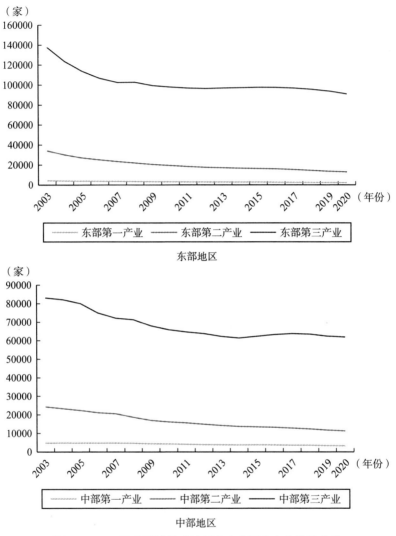

图4-3-4 四大区域战略性新兴产业国有企业数量变化

1. 东部地区战略性新兴产业国有经济产业布局总体演变趋势及调整成效

从60个行业大类来看，2003~2020年，东部地区战略性新兴产业国有企业数量整体上呈上升趋势的战略性新兴产业共有10个大类，主要分布在第三产业，分别是：石油和天然气开采业，水的生产和供应业，互联网和相关服务，资本市场服务，保险业，其他金融业，商务服务业，水利管理业，生态保护和环境治理业，卫生。其他战略性新兴产业行业大类中国有企业数量整体上呈下降趋势，共有 50 个大类，主要分布在第二产业（见表 4 - 3 - 2）。2003 ~ 2020 年，东部地区战略性新兴产业国有企业的比重整体上呈上升趋势的战略性新兴产业共有21 个大类，主要分布在第三产业，分别是：农业，林业，石油和天然气开采业，水的生产和供应业，土木工程建筑业，电信、广播电视和卫星传输服务，互联网和相关服务，软件和信息技术服务业，货币金融服务，资本市场服务，保险业，其他金融业，商务服务业，专业技术服务业，科技推广和应用服务业，水利管理业，生态保护和环境治理业，公共设施管理业，卫生，新闻和出版业，文化艺术业。其他战略性新兴产业行业大类中国有企业数量比重整体上呈下降趋势，共有39 个大类，主要分布在第二产业。

表 4 - 3 - 2　　　　东部地区 60 大类战略性新兴产业国有

企业数量和占比变化情况

行业		战略性新兴产业国有企业数量（家）			战略性新兴产业国有企业数量占比（%）		
		2003 年	2010 年	2020 年	2003 年	2010 年	2020 年
第一产业	农业	1240	910	810	0.70	0.75	0.76
	林业	910	797	597	0.52	0.66	0.56
	农、林、牧、渔专业及辅助性工作	2226	1518	824	1.26	1.26	0.77
第二产业	煤炭开采和洗选业	171	109	96	0.10	0.09	0.09
	石油和天然气开采业	6	8	8	0.01	0.01	0.01
	黑色金属矿采选业	94	75	55	0.05	0.06	0.05
	有色金属矿采选业	179	87	64	0.10	0.07	0.06
	非金属矿采选业	261	149	116	0.15	0.12	0.11
	其他采矿业	99	50	50	0.06	0.04	0.05
	农副食品加工业	3113	1485	982	1.77	1.23	0.92

续表

行业		战略性新兴产业国有企业数量（家）			战略性新兴产业国有企业数量占比（%）		
		2003 年	2010 年	2020 年	2003 年	2010 年	2020 年
第二产业	食品制造业	1030	471	314	0.58	0.39	0.30
	酒、饮料和精制茶制造业	902	407	235	0.51	0.34	0.22
	纺织业	1445	670	366	0.82	0.55	0.34
	皮革、毛皮、羽毛及其制品和制鞋业	424	197	122	0.24	0.16	0.11
	造纸和纸制品业	610	267	168	0.35	0.22	0.16
	石油、煤炭及其他燃料加工业	201	61	49	0.11	0.05	0.05
	化学原料和化学制品制造业	2189	857	533	1.24	0.71	0.50
	医药制造业	401	168	118	0.23	0.14	0.11
	化学纤维制造业	37	19	15	0.02	0.02	0.01
	橡胶和塑料制品业	1352	646	350	0.77	0.54	0.33
	非金属矿物制品业	2145	1076	698	1.22	0.89	0.66
	黑色金属冶炼和压延加工业	230	118	70	0.13	0.10	0.07
	有色金属冶炼和压延加工业	209	121	67	0.12	0.10	0.06
	金属制品业	1591	749	449	0.90	0.62	0.42
	通用设备制造业	2601	1210	675	1.48	1.00	0.63
	专用设备制造业	1309	659	438	0.74	0.55	0.41
	汽车制造业	435	203	146	0.25	0.17	0.14
	铁路、船舶、航空航天和其他运输设备制造业	500	244	142	0.28	0.20	0.13
	电气机械和器材制造业	1194	557	302	0.68	0.46	0.28
	计算机、通信和其他电子设备制造业	476	261	171	0.27	0.22	0.16
	仪器仪表制造业	502	265	156	0.28	0.22	0.15
	废弃资源综合利用业	1217	963	385	0.69	0.80	0.36
	金属制品、机械和设备修理业	213	122	79	0.12	0.10	0.07

行业		战略性新兴产业国有企业数量（家）			战略性新兴产业国有企业数量占比（%）		
		2003 年	2010 年	2020 年	2003 年	2010 年	2020 年
第二产业	电力、热力生产和供应业	3600	2744	1648	2.04	2.27	1.55
	燃气生产和供应业	1055	582	400	0.60	0.48	0.38
	水的生产和供应业	950	921	1003	0.54	0.76	0.94
	土木工程建筑业	3336	2980	2617	1.89	2.47	2.46
第三产业	零售业	64311	32290	21106	36.51	26.74	19.83
	铁路运输业	44	21	12	0.02	0.02	0.01
	航空运输业	300	276	151	0.17	0.23	0.14
	电信、广播电视和卫星传输服务	7758	5525	4977	4.40	4.58	4.68
	互联网和相关服务	141	244	150	0.08	0.20	0.14
	软件和信息技术服务业	721	512	513	0.41	0.42	0.48
	货币金融服务	25983	21842	25336	14.75	18.09	23.80
	资本市场服务	582	1000	1932	0.33	0.83	1.82
	保险业	5122	8061	9105	2.91	6.68	8.55
	其他金融业	150	173	327	0.09	0.14	0.31
	商务服务业	15397	15469	17093	8.74	12.81	16.06
	研究和试验发展	1857	1132	859	1.05	0.94	0.81
	专业技术服务业	4580	4106	3209	2.60	3.40	3.01
	科技推广和应用服务业	3352	2399	2153	1.90	1.99	2.02
	水利管理业	137	153	233	0.08	0.13	0.22
	生态保护和环境治理业	202	221	281	0.11	0.18	0.26
	公共设施管理业	1000	967	960	0.57	0.80	0.90
	机动车、电子产品和日用产品修理业	2908	1402	764	1.65	1.16	0.72
	教育	90	67	48	0.05	0.06	0.05
	卫生	115	74	125	0.07	0.06	0.12
	新闻和出版业	697	660	597	0.40	0.55	0.56

续表

行业		战略性新兴产业国有企业数量（家）			战略性新兴产业国有企业数量占比（%）		
		2003 年	2010 年	2020 年	2003 年	2010 年	2020 年
第三产业	广播、电视、电影和录音制作业	1680	958	714	0.95	0.79	0.67
	文化艺术业	561	462	472	0.32	0.38	0.44

　　具体到细分行业（见图 4 - 3 - 5），批发零售业、制造业、金融业、租赁和商务服务业变化最大，卫生和社会工作、教育、水利、环境和公共设施管理业变化比较小。其中批发零售业和制造业的国有企业数量显著减少，分别减少了 43205 家和 17296 家，教育行业国有企业

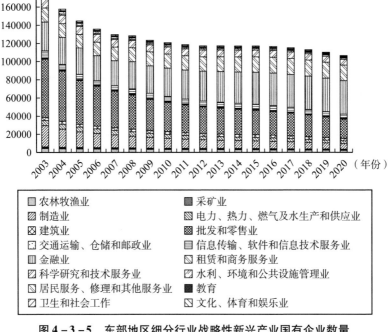

图 4 - 3 - 5　东部地区细分行业战略性新兴产业国有企业数量

数量减少较少，减少了 42 家。而金融业、租赁和商务服务业的国有企业数量显著增加，分别增加了 4863 家和 1696 家。卫生和社会工作、水利、环境和公共设施管理业增加比较少，分别增加了 10 家和 135 家。可以看出政策侧重于金融业和租赁和商务服务业的发展。这与从细分行业角度分析全国战略性新兴产业国有企业数量变化所得出的结论类似。

东部地区先进制造业、高科技产业和第三产业相对发达，工业结构以轻型或综合型产业为主，先天优势产业包括第三产业和第二产业中的制造业和建筑业。将东部地区这些先天优势产业 2003 年和 2020 年的战略性新兴产业国有企业数量进行比较，发现东部地区的先天优势产业中，除金融业、租赁和商务服务业、水利、环境和公共设施管理业、卫生和社会工作这四个细分行业外，其他细分行业的战略性新兴产业国有企业数量均减少了，东部地区先天优势产业的战略性新兴产业国有企业总数量也减少了。东部地区发展金融之后，东部地区所有省份金融业增加值均出现了明显的增加，先天优势产业的总产值或企业利润总额也都出现了或多或少的增加，没有出现下降的省份，这说明东部地区发展金融是有效率的。

2. 中部地区战略性新兴产业国有经济产业布局总体演变趋势及调整成效

从中部地区 60 个行业大类来看（见表 4 - 3 - 3），2003 ~ 2020 年，中部地区战略性新兴产业国有企业数量整体上呈上升趋势的战略性新兴产业共有 15 个大类，主要分布在第三产业，分别是：石油和天然气开采业，燃气生产和供应业，水的生产和供应业，土木工程建筑业，互联网和相关服务，软件和信息技术服务业，货币金融服务，资本市场服务，保险业，其他金融业，商务服务业，水利管理业，生态保护和环境治理业，公共设施管理业，教育，文化艺术业。大多数战略性新兴产业行业大类中国有企业数量整体上呈下降趋势，共有 44 个大类，主要分布在第二产业。2003 ~ 2020 年，中部地区战略性新兴产业国有企业的比重整体上呈上升趋势的战略性新兴产业共有 23 个大类，主要分布在第三产业，分别是：农业，林业，煤炭开采和洗选业，石油和天然气开采业，黑色金属矿采选业，金属制品，机械和设备修理业，燃气生产和供应业，水的生产和供应业，土木工程建筑业，航空运输业，互联网和相关服务，软件和信息技术服务业，货币金融服务，资本市场服务，保险业，其他金融业，商务服务业，专业技术服务业，水利管理业，生态保护和环境治理业，公共设施管理业，教育，文化艺术业。其他战略性新兴产业行业大类中国有企业数量比重整体上呈下降趋势，共有 37 个大类，主要分布在第二产业。

表 4-3-3　　中部地区 60 个行业大类战略性新兴产业国有
企业数量和占比变化情况

行业		战略性新兴产业国有企业数量（家）			战略性新兴产业国有企业数量占比（%）		
		2003 年	2010 年	2020 年	2003 年	2010 年	2020 年
第一产业	农业	1081	849	980	0.96	0.98	1.28
	林业	1342	1276	965	1.20	1.48	1.26
	农、林、牧、渔专业及辅助性工作	2342	2172	1311	2.09	2.52	1.71
第二产业	煤炭开采和洗选业	554	531	397	0.49	0.62	0.52
	石油和天然气开采业	4	5	7	0.00	0.01	0.01
	黑色金属矿采选业	48	44	39	0.04	0.05	0.05
	有色金属矿采选业	163	122	87	0.15	0.14	0.11
	非金属矿采选业	195	129	122	0.17	0.15	0.16
	其他采矿业	78	56	53	0.07	0.06	0.07
	农副食品加工业	2795	1749	1037	2.49	2.03	1.36
	食品制造业	785	377	246	0.70	0.44	0.32
	酒、饮料和精制茶制造业	678	336	167	0.60	0.39	0.22
	纺织业	793	377	198	0.71	0.44	0.26
	皮革、毛皮、羽毛及其制品和制鞋业	182	85	56	0.16	0.10	0.07

行业		战略性新兴产业国有企业数量（家）			战略性新兴产业国有企业数量占比（%）		
		2003 年	2010 年	2020 年	2003 年	2010 年	2020 年
第二产业	造纸和纸制品业	354	162	88	0.32	0.19	0.12
	石油、煤炭及其他燃料加工业	129	62	39	0.12	0.07	0.05
	化学原料和化学制品制造业	1431	700	354	1.28	0.81	0.46
	医药制造业	304	141	78	0.27	0.16	0.10
	化学纤维制造业	27	8	6	0.02	0.01	0.01
	橡胶和塑料制品业	682	285	155	0.61	0.33	0.20
	非金属矿物制品业	1923	965	583	1.72	1.12	0.76
	黑色金属冶炼和压延加工业	202	96	49	0.18	0.11	0.06
	有色金属冶炼和压延加工业	216	129	76	0.19	0.15	0.10
	金属制品业	800	353	197	0.71	0.41	0.26
	通用设备制造业	1730	690	346	1.54	0.80	0.45
	专用设备制造业	949	485	285	0.85	0.56	0.37
	汽车制造业	410	221	149	0.37	0.26	0.19
	铁路、船舶、航空航天和其他运输设备制造业	284	147	88	0.25	0.17	0.12
	电气机械和器材制造业	691	370	231	0.62	0.43	0.30
	计算机、通信和其他电子设备制造业	188	115	84	0.17	0.13	0.11
	仪器仪表制造业	260	114	59	0.23	0.13	0.08
	废弃资源综合利用业	1125	864	322	1.00	1.00	0.42
	金属制品、机械和设备修理业	185	151	139	0.17	0.17	0.18
	电力、热力生产和供应业	3082	3575	2026	2.75	4.14	2.65
	燃气生产和供应业	368	297	381	0.33	0.34	0.50
	水的生产和供应业	809	852	1134	0.72	0.99	1.48
	土木工程建筑业	1835	1560	2004	1.64	1.81	2.62

续表

行业		战略性新兴产业国有企业数量（家）			战略性新兴产业国有企业数量占比（%）		
		2003 年	2010 年	2020 年	2003 年	2010 年	2020 年
第三产业	零售业	42288	26258	17789	37.73	30.42	23.27
	铁路运输业	28	26	17	0.02	0.03	0.02
	航空运输业	53	41	53	0.05	0.05	0.07
	电信、广播电视和卫星传输服务	6166	4896	3406	5.50	5.67	4.46
	互联网和相关服务	85	164	136	0.08	0.19	0.18
	软件和信息技术服务业	589	743	891	0.53	0.86	1.17
	货币金融服务	13439	13231	15858	11.99	15.33	20.74
	资本市场服务	215	352	767	0.19	0.41	1.00
	保险业	3071	4775	6055	2.74	5.53	7.92
	其他金融业	189	299	427	0.17	0.35	0.56
	商务服务业	6933	7356	9473	6.19	8.52	12.39
	研究和试验发展	916	515	328	0.82	0.60	0.43
	专业技术服务业	2684	2545	2421	2.39	2.95	3.17
	科技推广和应用服务业	2127	1568	1220	1.90	1.82	1.60
	水利管理业	115	200	292	0.10	0.23	0.38
	生态保护和环境治理业	138	176	261	0.12	0.20	0.34
	公共设施管理业	508	542	606	0.45	0.63	0.79
	机动车、电子产品和日用产品修理业	1779	839	486	1.59	0.97	0.64
	教育	108	130	116	0.10	0.15	0.15
	卫生	66	42	38	0.06	0.05	0.05
	新闻和出版业	277	168	178	0.25	0.19	0.23
	广播、电视、电影和录音制作业	1067	745	696	0.95	0.86	0.91
	文化艺术业	224	252	392	0.20	0.29	0.51

具体来看：第一产业，农业，林业，农、林、牧、渔专业及辅助

性工作的国有企业数量从 2003 年到 2020 年均呈下降趋势。在战略性新兴产业国有企业数量占全部战略性新兴产业国有企业数量的比重上，农业，林业的国有企业数量比重从 2003 年到 2020 年呈上升趋势，农、林、牧、渔专业及辅助性工作的国有企业数量比重从 2003 年到 2020 年呈下降趋势。第二产业，石油和天然气开采业、燃气生产和供应业、水的生产和供应业、土木工程建筑业的国有企业数量从 2003 年到 2020 年均呈上升趋势，其他战略性新兴产业行业大类中有企业数量整体上呈下降趋势。在战略性新兴产业国有企业数量占全部战略性新兴产业国有企业数量的比重上，煤炭开采和洗选业，石油和天然气开采业，黑色金属矿采选业，金属制品，机械和设备修理业，燃气生产和供应业，水的生产和供应业，土木工程建筑业的国有企业数量比重从 2003 年到 2020 年均呈上升趋势，其他战略性新兴产业行业大类中有企业数量比重整体上呈下降趋势。第三产业，互联网和相关服务，软件和信息技术服务业，货币金融服务，资本市场服务，保险业，其他金融业，商务服务业，水利管理业，生态保护和环境治理业，公共设施管理业，教育，文化艺术业的国有企业数量从 2003 年到 2020 年均呈上升趋势，航空运输业的国有企业数量从 2003 年到 2020 年相对比较稳定，其他战略性新兴产业行业大类国有企业数量比重整体上呈下降趋势。在行业大类战略性新兴产业国有企业数量占全部战略性新兴产业国有企业数量的比重上，航空运输业，互联网和相关服务，软件和信息技术服务业，货币金融服务，资本市场服务，保险业，其他金融业，商务服务业，专业技术服务业，水利管理业，生态保护和环境治理业，公共设施管理业，教育，文化艺术业的国有企业数量比重从 2003 年到 2020 年均呈上升趋势，其他战略性新兴产业行业大类中有企业数量比重整体上呈下降趋势。

从细分行业来看（见图 4-3-6），批发零售业、制造业、金融业、租赁和商务服务业变化最大，教育、交通运输、仓储和邮政业、卫生和社会工作变化比较小。其中批发零售业和制造业的国有企业数量显著减少，分别减少了 24499 家和 12091 家，交通运输、仓储和邮政业、卫生和社会工作减少较少，分别减少了11家和28家。而金融业、租赁和商务服务业的国有企业数量显著增加，分别增加了6193家和2540家，教育行业国有企业数量增加较少，增加了8家。可以看出政策侧重于金融业和租赁和商务服务业的发展。这与从细分行业角度分析全国战略性新兴产业国有企业数量所得出的结论类似。

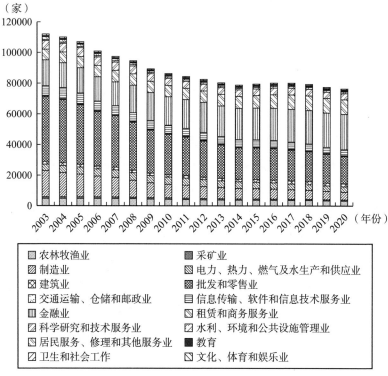

（家）

图4-3-6 中部地区细分行业战略性新兴产业国有企业数量

中部地区农业经济在国民经济中占有较大的比重，工业结构表现出一定的过渡性特征，先天优势产业包括第一产业和第二产业。将中部地区这些先天优势产业2003年和2020年的战略性新兴产业国有企业数量进行比较，除建筑业外，其他行业中的国有企业数量均减少了，中部地区先天优势产业国有企业总数量也减少了。中部地区发展金融后，中部地区所有省份金融业增加值均出现了明显的增加，先天优势产业的总产值或企业利润总额也增加了，没有出现下降的省份，中部地区发展金融是有效率的。

3. 西部地区战略性新兴产业国有经济产业布局总体演变趋势及调整成效

如表 4 - 3 - 4 所示，从 60 个行业大类来看，2003 ~ 2020 年，西部地区战略性新兴产业国有企业数量整体上呈上升趋势的有 17 个大类，主要分布在第三产业，分别是：石油和天然气开采业，非金属矿采选业，其他采矿业，水的生产和供应业，土木工程建筑业，航空运输业，货币金融服务，资本市场服务，保险业，其他金融业，商务服务业，专业技术服务业，水利管理业，生态保护和环境治理业，公共设施管理业，教育，文化艺术业。其他战略性新兴产业行业大类中国有企业数量整体上呈下降趋势，共有 43 个大类，主要分布在第二产业。2003 ~ 2020 年，西部地区战略性新兴产业国有企业数量的比重整体上呈上升趋势的战略性新兴产业共有 22 个大类，主要分布在第三产业，分别是：农业，林业，石油和天然气开采业，非金属矿采选业，其他采矿业，燃气生产和供应业，水的生产和供应业，土木工程建筑业，航空运输业，电信、广播电视和卫星传输服务，互联网和相关服务，货币金融服务，资本市场服务，保险业，其他金融业，商务服务业，专业技术服务业，水利管理业，生态保护和环境治理业，公共设施管理业，教育，文化艺术业。其他战略性新兴产业行业大类中国有企业数量比重整体上呈下降趋势，共有 38 个大类，主要分布在第二产业。

表 4 - 3 - 4 西部地区 60 大类战略性新兴产业国有企业数量和占比变化情况

行业		战略性新兴产业国有企业数量（家）			战略性新兴产业国有企业数量占比（%）		
		2003 年	2010 年	2020 年	2003 年	2010 年	2020 年
第一产业	农业	858	725	846	0.93	0.90	1.03
	林业	937	861	880	1.01	1.06	1.07
	农、林、牧、渔业及辅助性工作	1631	1053	826	1.76	1.30	1.01

行业		战略性新兴产业国有企业数量（家）			战略性新兴产业国有企业数量占比（%）		
		2003 年	2010 年	2020 年	2003 年	2010 年	2020 年
第二产业	煤炭开采和洗选业	350	265	207	0.38	0.33	0.25
	石油和天然气开采业	10	13	23	0.01	0.02	0.03
	黑色金属矿采选业	50	56	34	0.05	0.07	0.04
	有色金属矿采选业	247	188	166	0.27	0.23	0.20
	非金属矿采选业	121	112	128	0.13	0.14	0.16
	其他采矿业	43	60	68	0.05	0.07	0.08
	农副食品加工业	1732	923	645	1.87	1.14	0.79
	食品制造业	463	242	177	0.50	0.30	0.22
	酒、饮料和精制茶制造业	561	306	215	0.61	0.38	0.26
	纺织业	501	215	132	0.54	0.27	0.16
	皮革、毛皮、羽毛及其制品和制鞋业	103	46	26	0.11	0.06	0.03
	造纸和纸制品业	197	82	42	0.21	0.10	0.05
	石油、煤炭及其他燃料加工业	84	65	54	0.09	0.08	0.07
	化学原料和化学制品制造业	802	368	248	0.87	0.46	0.30
	医药制造业	184	95	60	0.20	0.12	0.07
	化学纤维制造业	8	4	3	0.01	0.00	0.00
	橡胶和塑料制品业	366	174	99	0.40	0.22	0.12
	非金属矿物制品业	1355	753	464	1.46	0.93	0.57
	黑色金属冶炼和压延加工业	166	72	42	0.18	0.09	0.05
	有色金属冶炼和压延加工业	177	115	80	0.19	0.14	0.10
	金属制品业	550	248	144	0.59	0.31	0.18
	通用设备制造业	951	390	205	1.03	0.48	0.25
	专用设备制造业	505	276	188	0.55	0.34	0.23
	汽车制造业	188	106	73	0.20	0.13	0.09

续表

行业		战略性新兴产业国有企业数量（家）			战略性新兴产业国有企业数量占比（%）		
		2003 年	2010 年	2020 年	2003 年	2010 年	2020 年
第二产业	铁路、船舶、航空航天和其他运输设备制造业	158	80	36	0.17	0.10	0.04
	电气机械和器材制造业	363	169	86	0.39	0.21	0.11
	计算机、通信和其他电子设备制造业	104	54	44	0.11	0.07	0.05
	仪器仪表制造业	156	70	36	0.17	0.09	0.04
	废弃资源综合利用业	761	472	187	0.82	0.58	0.23
	金属制品、机械和设备修理业	67	35	15	0.07	0.04	0.02
	电力、热力生产和供应业	3051	3463	2292	3.30	4.28	2.80
	燃气生产和供应业	476	312	432	0.51	0.39	0.53
	水的生产和供应业	1037	1141	1391	1.12	1.41	1.70
	土木工程建筑业	1457	1280	1524	1.57	1.58	1.86
第三产业	零售业	34467	22997	18476	37.23	28.44	22.57
	铁路运输业	29	14	11	0.03	0.02	0.01
	航空运输业	73	138	160	0.08	0.17	0.20
	电信、广播电视和卫星传输服务	5071	7764	4882	5.48	9.60	5.96
	互联网和相关服务	93	84	83	0.10	0.10	0.10
	软件和信息技术服务业	275	208	227	0.30	0.26	0.28
	货币金融服务	14281	14194	17214	15.43	17.56	21.02
	资本市场服务	148	217	567	0.16	0.27	0.69
	保险业	3609	6877	8577	3.90	8.51	10.48
	其他金融业	93	168	334	0.10	0.21	0.41
	商务服务业	5813	7133	13185	6.28	8.82	16.10
	研究和试验发展	656	406	294	0.71	0.50	0.36
	专业技术服务业	2017	2158	2148	2.18	2.67	2.62
	科技推广和应用服务业	1667	1079	839	1.80	1.33	1.02

行业		战略性新兴产业国有企业数量（家）			战略性新兴产业国有企业数量占比（％）		
		2003 年	2010 年	2020 年	2003 年	2010 年	2020 年
第三产业	水利管理业	90	114	281	0.10	0.14	0.34
	生态保护和环境治理业	114	129	224	0.12	0.16	0.27
	公共设施管理业	409	506	743	0.44	0.63	0.91
	机动车、电子产品和日用产品修理业	1357	710	418	1.47	0.88	0.51
	教育	91	95	96	0.10	0.12	0.12
	卫生	129	86	48	0.14	0.11	0.06
	新闻和出版业	219	156	111	0.24	0.19	0.14
	广播、电视、电影和录音制作业	968	592	515	1.05	0.73	0.63
	文化艺术业	137	138	328	0.15	0.17	0.40

具体来看：第一产业，在数量上，农业，林业，农、林、牧、渔业及辅助性工作的国有企业数量从 2003 年到 2020 年均呈下降趋势。在战略性新兴产业国有企业数量占全部战略性新兴产业国有企业数量的比重上，农业、林业的国有企业数量比重从 2003 年到 2020 年呈上升趋势，农、林、牧、渔专业及辅助性工作的国有企业数量比重从 2003 年到 2020 年呈下降趋势。第二产业，石油和天然气开采业，非金属矿采选业，其他采矿业，水的生产和供应业，土木工程建筑业的国有企业数量从 2003 年到 2020 年均呈上升趋势，其他战略性新兴产业行业大类中国有企业数量整体上呈下降趋势。在战略性新兴产业国有企业数量占全部战略性新兴产业国有企业数量的比重上，石油和天然气开采业，非金属矿采选业，其他采矿业，燃气生产和供应业，水的生产和供应业，土木工程建筑业的国有企业数量比重从 2003 年到 2020 年均呈上升趋势，其他战略性新兴产业行业大类中国有企业数量比重整体上呈下降趋势。第三产业，航空运输业，货币金融服务，资本市场服务，保

险业，其他金融业，商务服务业，专业技术服务业，水利管理业，生态保护和环境治理业，公共设施管理业，教育，文化艺术业的国有企业数量从 2003 年到 2020 年均呈上升趋势，其他战略性新兴产业行业大类中国有企业数量整体上呈下降趋势。在战略性新兴产业国有企业数量占全部战略性新兴产业国有企业数量的比重上，航空运输业，电信、广播电视和卫星传输服务，货币金融服务，资本市场服务，保险业，其他金融业，商务服务业，专业技术服务业，水利管理业，生态保护和环境治理业，公共设施管理业，教育，文化艺术业的国有企业数量比重从 2003 ~ 2020 年均呈上升趋势，其他战略性新兴产业行业大类中国有企业数量比重整体上呈下降趋势。

从细分行业来看（见图 4 - 3 - 7），批发零售业、制造业、金融业、租赁和商务服务业变化最大，教育、交通运输、仓储和邮政业、建筑业变化比较小。其中批发零售业和制造业的国有企业数量显著减少，分别减少了 15991 家和 7201 家，而金融业、租赁和商务服务业的国有企业数量显著增加，分别增加了 8561 家和 7372 家。教育、交通运输、仓储和邮政业、建筑业国有企业数量增加比较少，分别增加了 5 家、67 家和 69 家。可以看出政策侧重于金融业和租赁和商务服务业的发展。这与从细分行业角度分析全国战略性新兴产业国有企业数量变化所得出的结论类似。

从省级层面来看，2003 ~ 2020 年少部分省份战略性新兴产业国有企业数量呈现上升趋势，增加数量排名前三的省份为贵州省、云南省、内蒙古自治区。从当年新建战略性新兴产业国有企业数量来看，31 个省份只有西藏自治区的当年新建战略性新兴产业国有数量呈上升趋势。贵州省、云南省、内蒙古自治区和西藏自治区都是西部地区的省份。从这四个省份细分行业战略性新兴产业国有企业数量在 2003 年到 2020 年间的变化来看，贵州省主要发展的是租赁和商务服务业，与 2003 年相比，2020 年贵州省租赁和商务服务业国有企业在数量上增加了 2304 家；云南省、内蒙古自治区主要发展的是金融业，与 2003 年相比，2020 年这两个省份的金融业国有企业在数量上分别增加了 1881 家、

1480 家；西藏自治区主要侧重于金融业以及租赁和商务服务业的发展，与 2003 年相比，2020 年西藏自治区金融业国有企业数量增加了 344 家，租赁和商务服务业国有企业数量增加了 322 家。

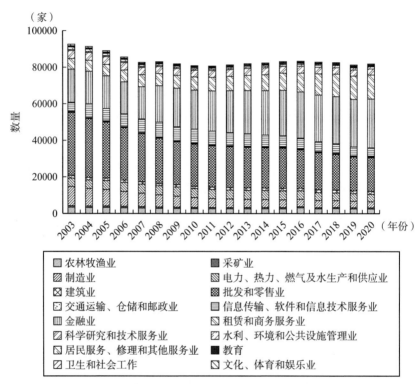

图 4–3–7　西部地区细分行业战略性新兴产业国有企业数量

西部地区农业经济在国民经济中占有较大的比重，工业结构以重型工业为主，先天优势产业包括第一产业和第二产业中的采矿业和电力、热力、燃气及水生产和供应。将西部地区这些先天优势产业 2003 年和 2020 年的战略性新兴产业国有企业数量进行比较，发现西部地区先天优势产业的战略性新兴产业国有企业数量减少了。西部地区发展金融之后，西部地区所有省份金融业增加值均出现了明显的增加，大部分省份的先天优势产业的总产值或企业利润总额也都出现了或多或少的增加，只有陕西、甘肃、宁夏采矿业的企业利润总额和青海省采矿业的总产值减少了，但下降幅度并不大。总体来看西部地区发展金融是有效率的。

4. 东北地区战略性新兴产业国有经济产业布局总体演变趋势及调整成效

从 60 个行业大类来看（见表 4 – 3 – 5），2003～2020 年，东北地区战略性新兴产业国有企业数量整体上呈上升趋势的战略性新兴产业共有 10 个大类，主要分布在第三产业，分别是：石油和天然气开采业，水的生产和供应业，货币金融服务，资本市场服务，保险业，其他金融业，水利管理业，生态保护和环境治理业，公共设施管理业，文化艺术业。其他战略性新兴产业行业大类中国有企业数量整体上呈下降趋势，共有 50 个大类，主要分布在第二产业。2003～2020 年，东北地区战略性新兴产业国有企业的比重整体上呈上升趋势的战略性新兴产业共有 21 个大类，主要分布在第三产业，分别是：农业，林业，石油和天然气开采业，电力、热力生产和供应业，水的生产和供应业，电信、广播电视和卫星传输服务，互联网和相关服务，货币金融服务，资本市场服务，保险业，其他金融业，商务服务业，专业技术服务业，科技推广和应用服务业，水利管理业，生态保护和环境治理业，公共设施管理业，教育，卫生，新闻和出版业，文化艺术业。其他战略性新兴产业行业大类中国有企业数量整体上呈下降趋势，共有 39 个大类，主要分布在第二产业。

表 4 – 3 – 5　东北地区 60 个行业大类战略性新兴产业国有企业数量及占比

行业		战略性新兴产业国有企业数量（家）			战略性新兴产业国有企业数量占比（%）		
		2003 年	2010 年	2020 年	2003 年	2010 年	2020 年
第一产业	农业	525	452	390	0.86	0.91	1.11
	林业	956	983	782	1.57	1.98	2.23
	农、林、牧、渔业及辅助性工作	615	481	245	1.01	0.97	0.70

续表

行业		战略性新兴产业国有企业数量（家）			战略性新兴产业国有企业数量占比（%）		
		2003 年	2010 年	2020 年	2003 年	2010 年	2020 年
第二产业	煤炭开采和洗选业	284	201	75	0.47	0.41	0.21
	石油和天然气开采业	6	8	10	0.01	0.02	0.03
	黑色金属矿采选业	38	24	13	0.06	0.05	0.04
	有色金属矿采选业	108	62	37	0.18	0.12	0.11
	非金属矿采选业	162	125	69	0.27	0.25	0.20
	其他采矿业	58	40	18	0.10	0.08	0.05
	农副食品加工业	1077	622	239	1.77	1.25	0.68
	食品制造业	426	223	97	0.70	0.45	0.28
	酒、饮料和精制茶制造业	434	260	94	0.71	0.52	0.27
	纺织业	405	185	86	0.67	0.37	0.24
	皮革、毛皮、羽毛及其制品和制鞋业	137	61	25	0.22	0.12	0.07
	造纸和纸制品业	264	115	44	0.43	0.23	0.13
	石油、煤炭及其他燃料加工业	129	81	40	0.21	0.16	0.11
	化学原料和化学制品制造业	801	448	183	1.32	0.90	0.52
	医药制造业	240	117	50	0.39	0.24	0.14
	化学纤维制造业	20	10	7	0.03	0.02	0.02
	橡胶和塑料制品业	647	314	111	1.06	0.63	0.32
	非金属矿物制品业	1232	705	306	2.02	1.42	0.87
	黑色金属冶炼和压延加工业	219	98	46	0.36	0.20	0.13
	有色金属冶炼和压延加工业	166	60	29	0.27	0.12	0.08
	金属制品业	989	511	215	1.62	1.03	0.61
	通用设备制造业	1906	965	449	3.13	1.95	1.28
	专用设备制造业	883	530	253	1.45	1.07	0.72
	汽车制造业	279	145	89	0.46	0.29	0.25
	铁路、船舶、航空航天和其他运输设备制造业	256	165	62	0.42	0.33	0.18

续表

行业		战略性新兴产业国有企业数量（家）			战略性新兴产业国有企业数量占比（%）		
		2003 年	2010 年	2020 年	2003 年	2010 年	2020 年
第二产业	电气机械和器材制造业	658	367	203	1.08	0.74	0.58
	计算机、通信和其他电子设备制造业	147	88	49	0.24	0.18	0.14
	仪器仪表制造业	268	160	70	0.44	0.32	0.20
	废弃资源综合利用业	1015	1014	198	1.67	2.04	0.56
	金属制品、机械和设备修理业	137	70	25	0.22	0.14	0.07
	电力、热力生产和供应业	1514	2107	1342	2.49	4.25	3.82
	燃气生产和供应业	206	155	103	0.34	0.31	0.29
	水的生产和供应业	320	369	410	0.53	0.74	1.17
	土木工程建筑业	1422	1280	793	2.34	2.58	2.26
第三产业	零售业	17883	10974	6093	29.37	22.12	17.36
	铁路运输业	51	37	3	0.08	0.07	0.01
	航空运输业	85	88	42	0.14	0.18	0.12
	电信、广播电视和卫星传输服务	2791	3443	2180	4.58	6.94	6.21
	互联网和相关服务	52	55	43	0.09	0.11	0.12
	软件和信息技术服务业	313	287	156	0.51	0.58	0.44
	货币金融服务	8881	8838	9112	14.58	17.82	25.96
	资本市场服务	122	198	298	0.20	0.40	0.85
	保险业	1186	2448	2710	1.95	4.93	7.72
	其他金融业	71	100	120	0.12	0.20	0.34
	商务服务业	4318	4524	3754	7.09	9.12	10.69
	研究和试验发展	993	650	342	1.63	1.31	0.97
	专业技术服务业	1624	1615	1012	2.67	3.26	2.88
	科技推广和应用服务业	1073	932	692	1.76	1.88	1.97
	水利管理业	59	67	89	0.10	0.14	0.25
	生态保护和环境治理业	56	83	83	0.09	0.17	0.24

续表

行业		战略性新兴产业国有企业数量（家）			战略性新兴产业国有企业数量占比（%）		
		2003 年	2010 年	2020 年	2003 年	2010 年	2020 年
第三产业	公共设施管理业	317	370	324	0.52	0.75	0.92
	机动车、电子产品和日用产品修理业	1226	672	271	2.01	1.35	0.77
	教育	73	67	43	0.12	0.14	0.12
	卫生	52	47	39	0.09	0.09	0.11
	新闻和出版业	239	177	150	0.39	0.36	0.43
	广播、电视、电影和录音制作业	377	228	169	0.62	0.46	0.48
	文化艺术业	103	108	122	0.17	0.22	0.35

具体来看：第一产业，农业，林业，农、林、牧、渔业及辅助性工作的国有企业数量从 2003 年到 2020 年均呈下降趋势。在战略性新兴产业国有企业数量占全部战略性新兴产业国有企业数量的比重上，农业，林业的国有企业数量比重从 2003 年到 2020 年呈上升趋势，农、林、牧、渔业及辅助性工作的国有企业数量比重从 2003 年到 2020 年呈下降趋势。第二产业，石油和天然气开采业，水的生产和供应业的国有企业数量从 2003 年到 2020 年均呈上升趋势，其他战略性新兴产业行业大类中国有企业数量整体上呈下降趋势。在战略性新兴产业国有企业数量占全部战略性新兴产业国有企业数量的比重上，石油和天然气开采业，电力、热力生产和供应业，水的生产和供应业的国有企业数量比重从 2003 年到 2020 年均呈上升趋势，其他战略性新兴产业行业大类中国有企业数量比重整体上呈下降趋势。第三产业，货币金融服务，资本市场服务，保险业，其他金融业，水利管理业，生态保护和环境治理业，公共设施管理业，文化艺术业的国有企业数量从 2003 年到 2020 年均呈上升趋势，其他战略性新兴产业行业大类中国有企业数量整体上呈下降趋势。在战略性新兴产业国有企业数量占全部战略性新

兴产业国有企业数量的比重上，电信、广播电视和卫星传输服务，互联网和相关服务，货币金融服务，资本市场服务，保险业，其他金融业，商务服务业，专业技术服务业，科技推广和应用服务业，水利管理业，生态保护和环境治理业，公共设施管理业，教育，卫生，新闻和出版业，文化艺术业的国有企业数量比重从 2003 年到 2020 年呈上升趋势，其他战略性新兴产业行业大类中国有企业数量比重整体上呈下降趋势。

从细分行业来看（见图 4 - 3 - 8），批发零售业、制造业、金融业、科学研究和技术服务业变化最大，卫生和社会工作、教育、水利、环境和公共设施管理业变化比较小。其中批发零售业、制造业、科学研究和技术服务业的国有企业数量显著减少，分别减少了 11790 家、9765 家和 1644 家，卫生和社会工作、教育减少较少，分别减少了 13 家

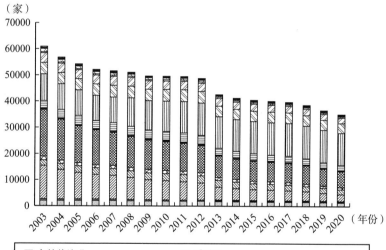

图 4 - 3 - 8 东北地区细分行业战略性新兴产业国有企业数量

和 30 家。而金融业的国有企业数量显著增加，增加了 1980 家，水利、环境和公共设施管理业的国有企业数量增加较少，增加了 64 家。可以看出政策侧重于金融业的发展。这与从细分行业角度分析全国战略性新兴产业国有企业数量变化所得出的结论类似。

东北地区以重化工业为主导，工业结构以重型工业为主，先天优势产业包括第二产业中的采矿业和电力、热力、燃气及水生产和供应。将东北地区这些先天优势产业 2003 年和 2020 年的战略性新兴产业国有企业数量进行比较，发现东北地区的先天优势产业的战略性新兴产业国有企业数量减少了。东北地区发展金融之后，东北地区所有省份金融业增加值均出现了明显的增加，然而其实体经济的发展效果却并不理想，黑龙江省的燃气及水生产和供应业以及东北地区的采矿业的利润总额均呈现出逐年降低的态势。

4.4 新发展阶段下战略性新兴产业国有经济布局优化与结构调整的战略方向

4.4.1 战略性新兴产业国有经济的行业选择

国内有很多文献就我国重点发展产业的选择问题进行了研究并得出结论。有些学者从工业类型的角度出发，将轻、重工业进行对比，得出"尽管发展中国家优先发展重工业对技术效率提升有一定作用，但符合比较优势的轻工业的发展才是经济增长的核心动力"（林晨和陈斌开，2018）的结论。有些学者基于投入产出数据筛选出我国重点产业，测算得出"我国重点产业包括通信设备、计算机及其他电子设备制造业，通用与专用设备制造业，交通运输设备制造业"（林晨等，2020）的结论。有些学者将研究对象聚焦于某一省份，以某一省份，比如江苏省为例，从区域分工和产业专业化程度出发，提出了一个用于选择主导产业的定量评价指数，最后筛选出该省份最适合发展的战略性新兴产业（王昌盛和周绍东，2014）。有些学者将研究对象聚焦于某一行业大类，比如稀土矿产资源，对其进行战略性评估（李鹏飞等，2014）。还有一些学者认为"政府应该在遵循比较优势的基础上制定相关的保护或扶持新兴产业政策"（孙军和高彦彦，2012）。通过对以往文献的梳理，可以看出以往的文献大多关注战略性新兴产业的重点产业选择问题，几乎没有对国有战略性新兴产业重点产业选择问题的研究。面对国有战略性新兴产业侧重于金融业而非实体行业的现状，对比其他文献得到的关于重点产业的结论，本书对我国国有战略性新兴产业产业结构合理性进行了分析。产业结构合理化是指产业与产业之间协调能力的加强和关联水平的提高，它是一个动态的过程。产业结构合理化主要要解决的问题包括三个方面：一是供给结构与需求结构相互适应的问题，二是三次产业间以及各产业内部部门之间的协调性问题，三是产业结构效应如何充分发挥的问题。判定产业结构是否合理的关键在于判断产业之间的关系是否协调，是否具有因其内在的相互作用而产生的整体能力。产业之间的相互作用的关系越协调，结构的整体能力就会越强，则与之相应的产业结构也会越合理。

我国国有战略性新兴产业结构偏向于第三产业金融业而非实体经济行业，这样的国有战略性新兴产业结构对于我国处在新发展阶段推动高质量发展的目标来说是缺乏合理性的。这是因为，首先，新发展阶段是为实现新的更高目标奠定雄厚物质基础的阶段，仅靠第三产业金融业对于经济增长的主要拉动，很难实现更雄厚的物质基础的积累。其次，新发展阶段是一个更高水平、更高层次、更高质量的发展阶段，发展战略性新兴产业不仅应该侧重于对经济社会具有重大引领作用的产业，更应关注产业在科技创新方面的直接作用，以及企业的市场潜力和对未来长远发展的影响作用。最后，对于国有企业而言，其在战略性新兴产业中起着非常重要的引领和带头作用，国有战略性新兴产业侧重于第三产业金融业的发展无疑为一些发展战略性新兴产业的私企、民企释放了一定的信号，鼓励它们也发展战略性新兴产业中与第三产业金融业相关的业务，这可能对战略性新兴产业中的高科技产业和节能环保产业产生一定的挤出效应。同时，国有企业由于具有丰富的资金、人才等资源，是发展战略性新兴产业更具有比较优势的企业，如果国有企业侧重于第三产业金融业的发展，就很难实现资源和各种生产要素的合理利用（贺正楚等，2012）。除此之外，战略性新兴产业的研发创新行为具有风险高、周期长和回报高的特点，而由于其风险高和周期长的特点，即使战略性新兴产业的研发创新行为回报高，其对私有企业和民营企业来说激励也并不高，如果国有企业在研发创新行为上面的布局较薄弱，那么便很难真正地发展国家战略性新兴产业并发挥其对经济社会全局和长远发展的重大引领作用。

从历史发展的角度看，当前的国有战略性新兴产业结构也具有一定的合理性。首先，是国家政策对于第三产业的支持。1998年7月，《关于发展第三产业扩大就业的指导意见》发布后，全国各地响应国家号召，大力推动第三产业的发展；2001年12月中国正式加入世界贸易组织（WTO），我国的金融业开始从政策开放转向制度性开放，金融业的改革步伐明显加快。之后各地也陆续颁布了多项推动第三产业和金融业发展的政策措施，对第三产业和金融业的发展具有重要的推动作用。其次，第三产业的发展符合历史的必然性。国家大力发展第三产业是为了促进就业，吸纳社会闲置人口。发展金融业也是经济增长的需要，在之前的发展阶段，经济增长是我国发展过程中的重要目标。同时发展金融业是中国"十二五"期间发展现代服务业的重要突破口（刘志阳和苏东水，2010；余振等，2012），不完善的金融市场会阻碍战略性新兴产业技术进步（任保全和王亮亮，2014）。而现在我国进入了新发展阶段，我们的目标由高速增长转变为高质量发展，目标发生变化，布局自然应该发生变化，但是由于之前的产业结构具有一定的发展惯性，所以从历史发展的角度来说，当前的产业结构也是符合历史必然的，具有一定的合理性。但是，对于新发展阶段而言，为了提高发展的质量，产业结构必然需要进行一定的转变（李晓华和刘峰，2013）。我国国有战略性新兴产业的产业布局应该向实体经济行业倾斜，向制造业、高新技术产业和节能环保领域集中，促进实体经济的发展，推动科技创新水平不断提高（诸竹君等，2021）。

4.4.2　战略性新兴产业国有经济的区域适配

从四大区域看，在变化趋势方面，四大区域战略性新兴产业国有企业数量均呈下降趋势，但是西部地区下降幅度最小。综合变化趋势和数量两方面来看，在战略性新兴国有企业发展上面，东部地区和西部地区发展得较好，而东北地区相对落后（周晶，2012；刘华军等，2019）。下面我们将结合上文对于四大区域行业侧重于第三产业金融业发展的事实，比较 2003 年到 2020 年各区域先天优势产业和金融业的发展情况，进行区域适配度分析。

东部地区先进制造业、高科技产业和第三产业相对发达，工业结构以轻型或综合型产业为主，先天优势产业包括第三产业和第二产业中的制造业和建筑业。将东部地区这些先天优势产业 2003 年和 2020 年的战略性新兴产业国有企业数量进行比较，发现除金融业、租赁和商务服务业、水利、环境和公共设施管理业、卫生和社会工作这四个细分行业外，其他细分行业国有企业数量均减少了，东部地区先天优势产业的战略新兴产业国有企业总数量也减少了。东部地区发展金融之后，东部地区所有省份金融业增加值均出现了明显的增加，先天优势产业的总产值或企业利润总额也都出现了或多或少的增加，没有出现下降的省份，东部地区发展金融是有效率的。

中部地区农业经济在国民经济中占有较大的比重，工业结构表现出一定的过渡性特征，先天优势产业包括第一产业和第二产业。将中部地区这些先天优势产业 2003 年和 2020 年的战略性新兴产业国有企业数量进行比较，除建筑业外，其他行业国有企业数量均减少了，中部地区先天优势产业国有企业总数量也减少了。中部地区发展金融后，中部地区所有省份金融业增加值均出现了明显的增加，先天优势产业的总产值或企业利润总额也增加了，没有出现下降的省份，中部地区发展金融是有效率的。

西部地区农业经济在国民经济中占有较大的比重，工业结构以重型工业为主，先天优势产业包括第一产业和第二产业中的采矿业和电力、热力、燃气及水生产和供应。将西部地区这些先天优势产业2003年和2020年的战略性新兴产业国有企业数量进行比较，发现西部地区先天优势产业的战略性新兴产业国有企业数量减少了。西部地区发展金融之后，西部地区所有省份金融业增加值均出现了明显的增加，大部分省份的先天优势产业的总产值或企业利润总额也都出现了或多或少的增加，只有陕西、甘肃、宁夏采矿业的企业利润总额和青海省采矿业的总产值减少了，但下降幅度并不大。总体来看西部地区发展金融是有效率的。

东北地区以重化工业为主导，工业结构以重型工业为主，先天优势产业包括第二产业中的采矿业和电力、热力、燃气及水生产和供应。将东北地区这些先天优势产业2003年和2020年的战略性新兴产业国有企业数量进行比较，发现东北地区先天优势产业的战略性新兴产业国有企业数量减少了。

从四大区域的行业侧重来看，四大区域均侧重于第三产业金融业的发展，具有一定的产业发展趋同性和盲目性。同时，先天优势产业国有企业数量均呈现出下降趋势，对比发展金融业后，四大区域金融业增加值以及先天优势产业的总产值或利润总额的变化可以发现，发展金融业后，四大区域金融业增加值都出现了明显的增加，各大区域的金融业发展都是有效率的；发展金融业后，除了东北地区，其他地区的先天优势产业的总产值或利润总额都出现了或多或少的增加，东北地区的先天优势产业发展效率较低，一定程度上体现了东北地区重资本、轻实业的情况。未来我国国有战略性新兴产业的产业布局应提高我国国有战略性新兴产业的区域适配度，充分发挥各区域的先天优势和比较优势（黄先海和张胜利，2019），同时还要注重各区域的协调发展。

4.4.3　战略性新兴产业国有经济的支撑作用

在我国战略性新兴产业发展过程中，国有战略性新兴产业具有重要的支撑作用。国有资本可分为商业类和公益类。商业类国有企业又分为商业一类和商业二类。商业一类是主业处于充分竞争行业和领域的商业类国有企业，商业二类是主业处于关系国家安全、国民经济命脉的重要行业和关键领域、主要承担重大专项任务的商业类国有企业。公益类国有企业以保障民生、服务社会、提供公共产品和服务为主要目标，引入市场机制，提高公共服务效率和能力（黄群慧，2022）。国有战略性新兴产业主要在商业二类国有企业中发挥对战略性新兴产业的支撑作用。

在 2022 年 5 月 31 日中共中央政治局第二十九次集体学习中，习近平总书记在讲话时提道："我国产业结构调整有一个过程，传统产业所占比重依然较高，战略性新兴产业、高技术产业尚未成长为经济增长的主导力量。"[1] 从时间维度看，战略性新兴产业的成长会经历从萌芽、成长到成熟的阶段，这也是从幼稚产业成长为主导产业的过程（王开科，2013）。第一，萌芽阶段。这一阶段战略性新兴产业刚刚兴起，在影响力、承担风险能力、市场竞争力等方面都比较弱（陈玲等，2010；韩超，2014），在技术、资金、人才、设备等方面面临着较大的不确定性（胡海峰和胡吉亚，2011；贺俊和吕铁，2012）。而传统产业在这一阶段处于主导地位，经过之前的发展，传统产业在市场上具有相对较好的影响力、风险承担能力和市场竞争力，技术、产业链较为成熟，具备了相对固定的融资渠道和一定的资金来源，人才、设备较为完备（王宇和刘志彪，2013）。在这一阶段，二者产业差距较大，差异较为清晰，传统产业处于主导地位（凌江怀和胡雯蓉，2012）。第二，成长阶段。这一阶段战略性新兴产业逐渐发展、规模扩大，进入

---

[1]　习近平：《努力建设人与自然和谐共生的现代化》，载于《求是》2022 年第 11 期。

快速增长时期，承担风险能力、市场竞争力和影响力也不断增强，技术不断创新，有了相对固定的融资渠道和相对稳定的资金来源，创新型人才逐渐增加，从业人员也越来越多，且机器设备不断增加，其创新活动带来了一定的产业优势（邢红萍和卫平，2013），对生产要素更大的需求使得生产要素逐渐由传统产业向战略性新兴产业转移，传统产业的主导地位逐渐丧失，战略性新兴产业的优势越发明显。第三，成熟阶段。这一阶段战略性新兴产业成为经济中的主导产业，对推动经济增长具有重要作用。传统产业进入衰退期，战略性新兴产业通过"挤出效应"，使原有的一部分不再适应发展环境的传统产业淘汰；通过"溢出效应"，对一部分有创新和转型潜力的传统产业产生带动作用（王钦等，2017），促进传统产业的转型升级，从而推动经济更好发展（肖兴志和姜晓婧，2013）。

党的二十大报告中提道："基础研究和原始创新不断加强，一些关键核心技术实现突破，战略性新兴产业发展壮大"。目前，我国战略性新兴产业已经突破了各项能力较弱的萌芽阶段，"战略性新兴产业发展壮大"。与此同时，想要向更高阶段迈进、完全成为支柱性产业、发挥在产业中发挥主导地位，需要更多的资金、人才、设备的支持，需要大量的生产要素的投入，在所有企业类型中，只有国企具备提供这种支撑作用的能力。从国有战略性新兴产业企业数量占国有企业数量的比重来看，2003~2020年，国有战略性新兴产业企业在国有企业中占比越来越大，由2003年的54.9%上升到2020年63.8%，增加了8.9%。由此可以看出国有企业对战略性新兴产业发展的重要带动和支撑作用。在该发展阶段要继续利用国企的重要支撑作用，推动战略性新兴产业向更高阶段迈进。

第 5 章

初级产品国有经济空间及产业布局的演变趋势及调整成效

党的二十大报告指出，要增强维护国家安全的能力，其中包括确保粮食、能源资源、重要产业链供应链安全。"悠悠万事，吃饭为大"，粮食是维持人类生命最基本的物资之一；士农工商，五行八作，能源与矿产品是驱动其运作的"粮食和血液"。这些直接从自然界获得的、尚未经过加工或仅经过简单加工的产品，称作初级产品，主要包括农产品、能源和矿产等资源产品①。初级产品处于现代经济生产生活的最前端，加强初级产品供给保障，是现实所需也是长远战略，事关我国持续稳定发展②。近年来，国际贸易保护主义抬头，逆全球化趋势上扬，地区冲突不断加剧，世界百年未有之大变局加速演变，全球大宗初级产品交易安全性受到较大冲击，传统安全与非传统安全互相交织（戴长征和毛闰铎，2022），越来越多的国家开始将地缘政治和供应链安全等方面的考量优先于经济效率，初级产品供给保障问题进一步凸显。习近平总书记在 2021 年 12 月的中央经济工作会议上指出，对我们这样一个大国来说，保障好初级产品供给是一个重大的战略性问题。必须加强战略谋划，及早作出调整，确保供给安全，首次提及要正确

---

① 按照联合国《国际贸易标准》分类，初级产品主要指的是：未经加工或只是略做加工的产品，包括农、林、牧、渔产品，也包括天然橡胶、石油、天然气、铜矿石、铁矿石等，以及略微进行加工的动植物油脂、燃料、饮料、食品等。

② 《正确认识和把握初级产品供给保障》，载于《人民日报》2022 年 2 月 9 日，第 5 版。

认识和把握初级产品供给保障。

初级产品供给保障战略性问题包含了长期以来党和政府都十分重视的粮食、能源与矿产等重要战略资源安全问题，是对单一资源安全问题的系统化概括。需要指出，初级产品行业不仅涉及公共产品与自然垄断属性问题，而且关乎国家安全，已经大大超出了市场配置资源所考虑的首要标准——效率——所涵盖的范畴。仅依靠市场进行初级产品配置的结果，必然是不符合国家政治利益考量的。政府必须站在总体国家安全观的角度发挥引领作用。我国是公有制占主体地位的社会主义国家，国有经济是国民经济中的主导力量，越是在以社会目标为主的产业领域，国有企业就越有存在的价值（杨励和刘美珣，2003）。国有经济在初级产品所涉及的各行业中分布广泛、资本雄厚、控制力强，正是保障初级产品供给的有力抓手，必须发挥正确的导向作用，承担起示范带头作用。如何在初级产品供给保障中发挥支撑托底作用，增强国内资源生产保障能力，是摆在国有企业面前的重大时代课题，对全面建成社会主义现代化强国、实现第二个百年奋斗目标，以中国式现代化全面推进中华民族伟大复兴具有重要意义。

初级产品供给保障的意义重大，需要从大变局中把握初级产品供给保障，从总体安全中认识其面临的风险挑战，并结合新发展格局加强其供给保障谋划。目前尚无文献研究国有企业与初级产品供给保障的关系、国有企业在初级产品供给保障中的作用以及国有企业自身在初级产品行业的调整变化趋势与发展特性。鉴于此，本章以初级产品保障供给与国有企业在其中的重要作用为逻辑起点，系统分析了2003年国资委成立以来，初级产品领域国有企业的产业结构和空间布局调整成效，剖析了现存问题和结构调整与布局优化的战略方向。

5.1 初级产品国有经济发展的内在逻辑

党的二十大报告指出，从现在起，中国共产党的中心任务就是团结带领全国各族人民全面建成社会主义现代化强国、实现第二个百年奋斗目标，以中国式现代化全面推进中华民族伟大复兴。充分保障初级产品供应，发挥其对经济社会发展的重要基础支撑作用，对于顺利实现这一中心任务至关重要。

5.1.1　初级产品供给保障的现实背景

新中国成立以来，党和政府高度关注初级产品领域，在供给保障方面取得了重大成就。粮食方面，1949 年我国粮食产量仅为 1131.8 亿公斤，人均粮食占有量仅 209 公斤，2021 年粮食总产量达到 6828.48 亿公斤，比建国初期增加了 5000 多亿公斤，单产增加 4 倍多，在人口从 5 亿多增长至近 14 亿的情况下，人均粮食占有量翻了一番，增加到 470 多公斤[①]，连续多年超过 400 公斤的国际粮食安全标准线，以实际行动保障了将饭碗牢牢端在自己手中，实现了"口粮绝对安全，谷物基本自给"，有力回答了"谁来养活中国"的布朗之问（Brown，1994），为维护世界粮食安全与和平发展做出了突出贡献。矿业方面，自新中国成立以来发展迅猛，截至 2021 年底，中国已发现矿产 173 种，其中能源矿产 13 种，金属矿产 59 种，非金属矿产 95 种，水气矿产 6 种，是世界上少数几个矿种齐全、矿产资源总量丰富的大国之一[②]。能源方面，从 2000 年到 2021 年，一次能源生产总量（标准煤）从 13.857 亿吨增长到 43.3 亿吨，人均能源消耗量（标准煤）从 1156 千克增长到 3531 千克，其中人均生活能源消费量（标准煤）从 132 千克增长到 456 千克[③]。粮食、矿产和能源等初级产品领域的大发展为经济快速增长和人民生活水平快速提高奠定了坚实基础。但是，初级产品供应保障仍然面临着结构性问题。改革开放以前，我国强调以自有资源满足国内需求，基本保障了国内初级产品供给，但资源环境压力较

---

① ③　数据来自国家统计局。
②　中华人民共和国自然资源部：《中国矿产资源报告（2022）》。

大。改革开放后，随着我国经济社会快速发展，国际贸易日益频繁，尤其是加入 WTO 以后，初级产品进口量逐步升高。近年来主要农产品中，大豆对外依存度居高不下，常年维持在 80% 以上。传统上基本自给的玉米也在新冠肺炎疫情之后呈现出对外依存度突增趋势，2021 年对外依存度接近 10%[①]。此外，在人民对美好生活需要不断增长的新时代背景下，"吃得饱"靠国内农产品，而"吃得好"靠进口高品质农产品的需求结构转变问题愈发突出（卞靖，2019）。能源和矿产方面，近年来石油对外依存度超过 70%，铁矿石对外依存度多维持在 80% 左右。"富煤、贫油、少气"的能源结构特点使我国在国际油气资源贸易规则中处于被动地位，过度煤炭消费也越发受到全球环境治理规则的约束（刘华军等，2022）。初级产品对外依赖度越高，供应链风险就越高，我们对国家经济安全基础的把控能力就越低。"基础不牢，地动山摇"，在国际形势波诡云谲，地区冲突趋势加剧的时代背景下，妥善规划和处置初级产品供应保障问题至关重要。

　　党的十八大以来，以习近平同志为核心的党中央从中华民族伟大复兴的战略全局出发，高度重视初级产品保障供给，反复强调粮食饭碗和能源饭碗都要牢牢端在自己手中（习近平，2022）。2011 年，全球农产品价格在波动中大幅走高，我国食品价格持续上涨，在此背景下，2012 年中央一号文件直接以"增强农产品供给保障能力"为主题，从多个维度强调农产品供给保障的重要性和所需采取的措施。2014 年 6 月 13 日，习近平主持召开中央财经领导小组第六次会议，研究我国能源安全战略，指出我国已成为世界上最大的能源生产国和消费国，能源发展取得了巨大成绩，但也面临着能源需求压力巨大、能源供给制约较多、能源生产和消费对生态环境损害严重、能源技术水平总体落后等挑战。会议强调能源安全是关系国家经济社会发展的全局性、战略性问题，对国家繁荣发展、人民生活改善、社会长治久安至关重要。

---

　　① 原始数据来自国家统计局，对外依存度 = 净进口/（产量 + 净进口）× 100%，笔者计算。

2015 年 7 月 1 日，全国人大将资源能源安全、粮食安全纳入《中华人民共和国国家安全法》，凸显出能源和粮食的战略地位。2019 年中央一号文件首次提出"实施重要农产品保障战略"，2020 年强调"保障重要农产品有效供给"，逐步将传统粮食安全扩展到重要农产品供给安全，并上升到战略高度。2021 年 11 月 18 日，中共中央政治局会议审议了《国家安全战略（2021－2025 年）》，强调内容包括"确保粮食安全、能源矿产安全、重要基础设施安全，加强海外利益安全保护"，将主要初级产品纳入国家安全战略高度。立足新的历史方位，面对严峻复杂的国际形势，我们必须站在总体国家安全观的高度重视初级产品供给保障问题，充分认识其发展的内在逻辑。

5.1.2　初级产品供给保障关乎人民利益

充足的初级产品供给是人民安居乐业的基础保障，坚持以人民为中心的发展思想，必须保障与人民生活息息相关的初级产品供应。只有掌握粮食安全的主动权，才能保障国运民生（韩俊，2013）。首先，初级产品是人民的基本生存需要。民以食为天，"悠悠万事，吃饭为大"，我国到 20 世纪 80 年代才真正摆脱饥饿问题，人民餐桌上的幸福来之不易。粮食等重要农产品是人民群众生活最基本、最必需的生存物资，具有可替代性小、供给弹性大、需求弹性小的特点（方国柱等，2022），直接关乎人民生活和社会稳定。新冠肺炎疫情暴发以来，人民生命安全和社会正常秩序受到严重影响，粮食等重要农产品供应愈发受到关注。2020 年以来，中央一号文件和政府工作报告中多次强调保障重要农产品供给，要求"压实'米袋子'省长负责制和'菜篮子'市长负责制"。2020 年 2 月 25 日，习近平对全国春季农业生产工作作出重要指示强调，越是面对风险挑战，越要稳住农业，越要确保粮食和重要副食品安全。这些政策要求中无不体现着初级产品供给保障中蕴含的人民利益。

在满足粮食供给的基础上，供水、供电等基本生活需求，以及与食品、生活用品价格密切相关的农产品、能源和矿产的稳定供应，也都是初级产品供应保障的应有之义，是满足人民对美好生活需要的必要基础，是增进人民群众获得感、幸福感、安全感的内在要求。我们党自成立以来，奋斗一百多年，团结带领人民进行革命、建设、改革，根本目的就是让人民过上好日子，而有保障的初级产品供应是人民群众最基本的要求。但是，民生日常所需的初级产品领域如供水、供电、供暖以及天然气供应等，具有典型的自然垄断属性，仅仅依靠市场配置资源难以达到理想目标。国有企业作为克服垄断、外部性和公共物品等市场失灵问题的手段（汤吉军，2015），对于保障民生所需的初级产品供给具有决定性意义。初级产品必须依靠和发挥国有企业的引领和支撑作用。以供电为例，2020 年我国农村地区已经基本实现稳定可靠的供电服务全覆盖，实现了 14 亿人全民用电的伟大壮举，充分体现了国有企业在初级产品供给保障中的担当作为，充分说明了初级产品国有企业更好满足人民对美好生活向往的重大意义。

5.1.3　初级产品供给保障关乎经济社会发展

以经济建设为中心是兴国之要，是党在社会主义初级阶段的基本路线。初级产品，特别是作为工业原材料的矿产和能源产品，是经济发展的必要物质基础。近代以来，经济落后给中华民族带来了深重苦难和被动就要挨打的沉痛历史教训。新中国成立以后，党带领人民孜孜求索，社会主义建设取得伟大成就，但到改革开放前人民生活仍较为贫困，初级产品供给普遍短缺。发展是党执政兴国的第一要务，是解决我国一切问题的基础和关键①。要实现经济社会的快速发展，就必须建立与经济规模相匹配的初级产品供应保障能力。从 1978 年到 2021 年，我国国内生产总值从 3678.7 亿元增长到 114.4 万亿元，人均国内

---

① 中央文献研究室：《十八大以来重要文献选编》（中），中央文献出版社 2016 年版，第 245 页。

生产总值从 385 元增长到 80976 元①，在世界经济总量中的占比从
1.8% 增长到超过 18%，我国已成为仅次于美国的超大经济体，具有全
世界最大规模的中等收入群体，内需市场极其庞大。2021 年，我国工
业增加值超过 37 万亿元，进出口总额达 39.1 万亿元，货物贸易总额居
世界第一，已成为一百四十多个国家和地区的主要贸易伙伴②，是名副
其实的世界工厂。在一连串出色成绩的背后，是供应能力大幅度提升
的粮食、矿产和能源等重要初级产品，为经济社会的快速发展发挥着
基础性支撑作用。粮食安全是基础问题，习近平总书记多次强调，一
个国家只有立足粮食基本自给，才能掌握粮食安全主动权，进而才能
掌控经济社会发展这个大局③。没有粮食等重要农产品的稳定供给，就
没有和谐稳定的社会环境，经济发展将是空中楼阁。2021 年我国粮食
生产获得"十八连丰"，在国际大宗农产品价格持续高涨的情况下，为
助力消化输入性通胀、稳定国内物价发挥了重要积极作用。作为制造
业大国，要发展实体经济，矿产和能源资源是工业生产的基础。改革
开放四十多年以来，我国形成了煤炭、电力、石油、天然气、新能源、
可再生能源全面发展的能源供给体系，为经济社会发展提供了坚实动
力基础（王文举和陈真玲，2018）。在实现经济高质量发展的过程中，
矿产资源稳定供给尤其重要，维持矿产资源的持续、可靠和有效供给，
保证关键时刻供应不暴涨、不暴跌、不断档、不断供，对于经济社会
发展具有重大意义。

国有企业是国有经济在国民经济中发挥主导力量的具体载体，是
我国经济发展的重要力量，也是党和国家事业发展的重要物质基础。
工业领域中，国有企业资产主要分布在电力工业、石油化工业、煤炭
工业等关系到国民经济命脉的重要初级产品领域，电力工业、石油化

---

① 资料来源：国家统计局。
② 我国外贸额首次突破 6 万亿美元 2021 年增加 1.4 万亿美元，http：//www.gov.cn/xinwen/2022 – 01/15/content_5668300.htm。
③ 中共中央党史和文献研究院：《习近平关于总体国家安全观论述摘编》，中央文献出版社 2018 年版，第 71 页。

工业、煤炭工业资产占全部工业资产的 1/2。一大批国有代表性龙头企业，如国家电网、大唐电力、中国石化、中国石油等，在经济社会快速发展所急需的能源供给保障中发挥了顶梁柱作用。在全面建成社会主义现代化强国、实现第二个百年奋斗目标，以中国式现代化全面推进中华民族伟大复兴的历史进程中，在构建"双循环"新发展格局的战略部署中，初级产品供应必须进一步与庞大的内需外需市场相匹配，进一步增强保供与基础支撑能力，这是初级产品国有企业必须承担的使命任务。

5.1.4　初级产品供给保障关乎国家安全

国家安全是民族复兴的根基，社会稳定是国家强盛的前提。历史经验已经充分证明，维护国家安全，拥有一个和平稳定的大环境，是谋求发展的关键和基石。国家安全和社会稳定是开展一切事业的前提和基础，也是发展国家经济的必要保障。改革开放以来，我国实现了经济快速发展和社会长期稳定两大奇迹，这离不开初级产品的稳定供给，尤其是粮食、矿产和能源等重点领域的出色供给保障。十八大以来，党和政府始终把解决吃饭问题作为治国理政的头等大事，确立了"以我为主、立足国内、确保产能、适度进口、科技支撑"的国家粮食安全战略，提出了"谷物基本自给、口粮绝对安全"的新粮食安全观[1]。"洪范八政，食为政首"，手中有粮，心中不慌，只要粮食不出大问题，中国的事就稳得住[2]，粮食安全是国家安全的重要基础。矿产和能源是工业的"粮食"，习近平总书记多次强调能源安全是关系国家经济社会发展的全局性、战略性问题。2014 年 4 月，习近平主持召开中央国家安全委员会第一次会议并发表重要讲话，首次提出总体国家安

---

① 《粮食安全是国家安全重要基础》，中国政府网，2021 年 4 月 8 日。
② 中央文献研究室：《十八大以来重要文献选编》（上），中央文献出版社 2014 年版，第 659 页。

全观，并首次系统提出"11 种安全"①，"资源安全"位列其中。资源安全是一个国家或地区可以持续、稳定、及时、足量和经济地获取所需各类自然资源的状态或能力，初级产品中的粮食、矿产和能源都是"资源安全"需要保障的重要方面（曹宇等，2022）。2015 年 7 月 1 日，第十二届全国人民代表大会常务委员会第十五次会议通过《中华人民共和国国家安全法》，其中第二十一条、第二十二条将资源能源安全和粮食安全上升到国家战略层面，规定其为维护国家安全的重要任务。2022 年党的二十大报告强调，要确保粮食、能源资源、重要产业链供应链安全。

当前，我国已经成为世界上最大的粮食消费国、能源消费国和矿产消费国，总量消耗十分巨大，部分资源品种对外依存度较高，且呈不断上升趋势，对资源安全影响较大（李颖等，2015），国际局势的动荡直接关乎着初级产品供给保障，从而影响国家安全全局。初级产品稳定供应对国家安全起着压舱石作用，必须加强战略谋划，及早作出调整，确保供给安全。国有企业作为中国特色社会主义的重要物质基础和政治基础，作为党执政兴国的重要支柱和依靠力量，必须在初级产品所涉及的重点领域发挥战略性支撑作用。特别是在国有资本占有优势地位的能源和矿产领域，要围绕国家安全需要，增强支撑托底能力。因而，研究当前国有企业在初级产品供给中的产业布局和空间布局情况，分析其调整成效，对于保障初级产品供给，更好发挥国有经济在初级产品供给中的重要作用，从而寻求其布局优化和战略调整的方向具有重要的理论和现实意义。

---

① 经过后续丰富补充，新时代国家安全体系总体国家安全观供包括 16 种安全：政治安全、国土安全、军事安全、经济安全、文化安全、社会安全、科技安全、网络安全、生态安全、资源安全、核安全、海外利益安全、生物安全、太空安全、极地安全、深海安全。

5.2 初级产品国有经济空间布局的演变趋势及调整成效

新时代优化国有资本布局具有很强的现实价值（刘现伟等，2020）。本章根据联合国统计司发布的《国际贸易标准分类》（修订4）和盛斌（2002）构建的36个工业部门对照表，确定97个行业大类中的5个农业大类、18个工业大类，总计23个大类为初级产品产业。并利用2003~2020年的《中国国有资产监督管理年鉴》相关数据以及从天眼查企业信息数据库（www.tianyancha.com）获取的218.92万条国有企业微观数据，从细分行业角度、产业角度、区域角度分析梳理了2003~2020年间我国国有经济初级产品空间及产业布局的演变趋势及调整成效。

国有企业提供的初级产品全部集中在第一产业和第二产业，涉及农、林、牧、副、渔业，采矿业，制造业和电力、热力、燃气及水生产和供应业等4个行业门类下的23个行业大类，特别是重要能源资源的供应，承担交通、通信、电力等关键基础设施建设和运营服务，支撑国民经济的快速增长。自2003年国务院国资委成立以来，尤其是党的十八大之后，涉及初级产品的国有企业在空间布局和产业布局调整方面取得了显著成效（张航燕，2021）。在空间布局方面，中部地区和西部地区初级产品国企占全部初级产品国企数量的比重提高约8%，东部地区占比下降约8%，中部地区和西部地区的初级产品产业发展优势突出；在产业布局方面，第一产业初级国企数量占全部初级产品国企数量的比重由29.16%上升至35.18%，农业相关产业初级产品的重要性更加突出。

全国初级产品国有企业数量在2003~2020年间呈现出逐年平稳下降的趋势，从2003~2020年，总量下降了47.48%。其中东部地区初级产品国有企业数量在全部初级产品企业中的占比小幅下降，西部地区占比略有上升，中部地区和东北地区占比基本保持不变。具体来看：
如图 5 - 2 - 1 所示，2003 ～ 2020 年间初级产品国有企业数量呈逐年下
降趋势，其宏观背景在于 2003 年国资委成立以后，提出推动国有资本
向重要行业和关键领域集中，放开搞活国有中小企业，建立劣势企业
退出市场的机制等方向性政策。① 从行业占比方面看，初级产品国有企
业在全部国企数量中的占比呈现先上升后下降的趋势。2003 ～ 2007 年，
由于全部国企总量下降的速度快于初级产品国有企业数量，这一占比
从 2003 年的 7.9% 上升到了 2007 年的 8.32% 。2007 ～ 2020 年，初级产
品国企数量下降速度快于全部国企数量，致使初级产品国有企业占全
部国有企业的比重下降到了 2020 年的 7.1% 。

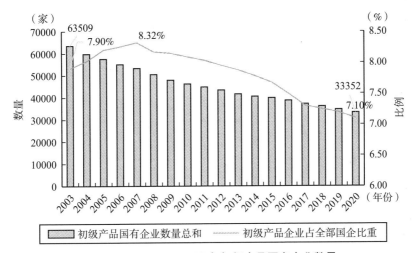

图 5 - 2 - 1　2003 ～ 2020 年初级产品国有企业数量
及其占全部国企数量比例变动趋势

　　从四大区域看，东部地区初级产品国企初始数量最多，总量下降
最多，比重减少最大；东北地区初始数量最少，总量下降最少，但下

①　国务院办公厅. 国务院办公厅转发国资委关于推进国有资本调整和国有企业重组指
导意见的通知［EB/OL］.［2008 - 03 - 28］. http：//www. gov. cn/zhengce/content/2008 - 03/
28/content_1485. htm.

降比重仅次于东部地区；西部地区下降比重最少，对初级产品行业依赖最为严重，具体数据如图5－2－2和图5－2－3所示。从各大区域初级产品国企数量占本区域全部国企数量的比重看，东部地区此项占比从2003年的6.74%下降到了2020年的5.27%，东部地区内部初级产品企业数量下降的速度相对地快于其他行业。西部地区此项占比则从2003年的8.47%微降到2020年的7.63%，初级产品国有企业数量降速同样快于国有企业整体速度。中部地区和东北地区此项占比变化不大，与区域内其他行业国企数量调整速度基本同步（见图5－2－2）。

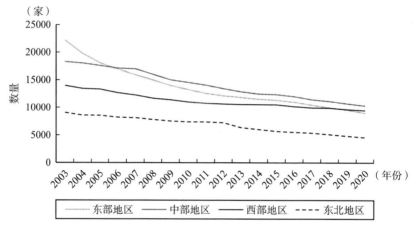

图5－2－2　2003～2020年四大区域初级产品国有企业数量变化趋势

从各大区域初级产品国企数量占全国全部初级产品国企数量的比重方面看，东部地区此项占比从2003年的34.9%下降到2020年的26.99%，是四大区域中降幅最大的，初级产品国有企业数量下降的速度相对快于其他地区。而西部地区这一占比从2003年的22.02%上升至2020年的28.36%，也即初级产品国企数量在本地区国企数量中的比重微降的同时，在全国初级产品国企数量中的占比却有较大幅度提升，说明西部地区初级产品企业数量下降速度相对地慢于其他地区，初级产品企业相对其他地区有比较优势。中部地区和东北地区的此项占比变化不大（见图5－2－3）。

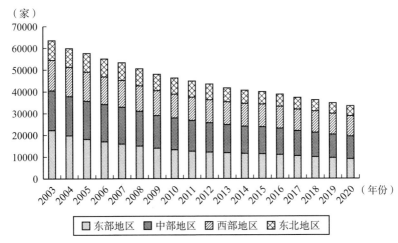

（家）

图例：□ 东部地区　■ 中部地区　▨ 西部地区　⊠ 东北地区

图 5 - 2 - 3　2003 ~ 2020 年初级产品国有企业总量及各地区数量分布变化趋势

表 5 - 2 - 1 为 2003 年与 2020 年初级产品国有企业各地区数量变化对比情况。

表 5 - 2 - 1　　　2003 年与 2020 年初级产品国有企业各地区数量变化对比

地区	2003 年			2020 年			2020 年与 2003 年相比数量变化	
	初级产品国企数量（家）	占本地区全部国企比重（%）	占全国初级产品国企比重（%）	初级产品国企数量（家）	占本地区全部国企比重（%）	占全国初级产品国企比重（%）	增量（家）	增幅（%）
东部地区	22166	6.74	34.90	9003	5.27	26.99	-13163	-59.38
中部地区	18294	9.26	28.81	10315	8.71	30.93	-7979	-43.62
西部地区	13983	8.47	22.02	9459	7.63	28.36	-4524	-32.35
东北地区	9066	8.03	14.28	4575	8.06	13.72	-4491	-49.54
合计	63509	/	100	33352	/	100	-30157	/

从省级层面来看（见表 5 - 2 - 2），2003 ~ 2020 年间仅有三个省份
的初级产品国企数量出现正增长，均来自西部地区，分别是西藏自治
区、陕西省和青海省，增量分别为 82 家、302 家以及 33 家，增长率分
别为 130.16%、42.48% 以及 11.66%。其中西藏的增量主要来自农业
（11 家），畜牧业（28 家），有色金属矿采选业（6 家），电力、热力生
产和供应业（16 家）以及水的生产和供应业（11 家）；陕西省的增量
主要来自农业（26 家），林业（32 家），煤炭开采和洗选业（12 家），
电力、热力生产和供应业（178 家），燃气生产和供应业（99 家）以及
水的生产和供应业（61 家）；青海省增量主要来自电力、热力生产和
供应业（120 家）。从数量上看，广东省数量减少最多，共减少 4355
家，下降率 69.28%，江苏省次之，共减少 3380 家，下降率 75.72%。
广东省和江苏省所有初级产品行业的国企数量都在减少，广东省减量
最多的是电力、热力生产和供应业（935），农副食品加工业（519）以
及化学原料和化学制品制造业（418），江苏省减量最多的则是农副食
品加工业（685）、纺织业（355）以及化学原料和化学制品制造业
（685）。从下降比率上看，重庆市降幅最大，达 95.69%，共减少 888
家，天津市次之，降幅 84.16%，共减少 441 家。降幅超过 50% 的省份
有 10 家，其中东部地区 5 家，中、西部地区各 2 家，东北地区 1 家。

表 5 - 2 - 2　　　2003 年与 2020 年初级产品国有企业各省份数量变化对比

省份/自治区/直辖市	2003 年		2020 年		增量（家）	增幅（%）	按增幅排序
	存量（家）	全国占比（%）	存量（家）	全国占比（%）			
北京市	257	0.40	161	0.48	-96	-37.35	17
天津市	524	0.83	83	0.25	-441	-84.16	2
河北省	1855	2.92	961	2.88	-894	-48.19	13
山西省	1549	2.44	1266	3.80	-283	-18.27	26
内蒙古自治区	836	1.32	709	2.13	-127	-15.19	28
辽宁省	3646	5.74	1545	4.63	-2101	-57.62	6

续表

省份/自治区/直辖市	2003 年		2020 年		增量（家）	增幅（%）	按增幅排序
	存量（家）	全国占比（%）	存量（家）	全国占比（%）			
吉林省	2153	3.39	1254	3.76	-899	-41.76	16
黑龙江省	3267	5.14	1776	5.33	-1491	-45.64	14
上海市	300	0.47	246	0.74	-54	-18.00	27
江苏省	4464	7.03	1084	3.25	-3380	-75.72	3
浙江省	1970	3.10	813	2.44	-1157	-58.73	5
安徽省	2164	3.41	962	2.88	-1202	-55.55	7
福建省	2092	3.29	1464	4.39	-628	-30.02	21
江西省	3559	5.60	1708	5.12	-1851	-52.01	9
山东省	3315	5.22	1625	4.87	-1690	-50.98	10
河南省	4242	6.68	2184	6.55	-2058	-48.51	12
湖北省	4788	7.54	3188	9.56	-1600	-33.42	20
湖南省	1992	3.14	1007	3.02	-985	-49.45	11
广东省	6286	9.90	1931	5.79	-4355	-69.28	4
广西壮族自治区	2524	3.97	1805	5.41	-719	-28.49	23
海南省	1103	1.74	635	1.90	-468	-42.43	15
重庆市	928	1.46	40	0.12	-888	-95.69	1
四川省	2778	4.37	1288	3.86	-1490	-53.64	8
贵州省	1460	2.30	1136	3.41	-324	-22.19	25
云南省	1031	1.62	791	2.37	-240	-23.28	24
西藏自治区	63	0.10	145	0.43	82	130.16	31
陕西省	711	1.12	1013	3.04	302	42.48	30
甘肃省	974	1.53	685	2.05	-289	-29.67	22
青海省	283	0.45	316	0.95	33	11.66	29
宁夏回族自治区	518	0.82	342	1.03	-176	-33.98	19
新疆维吾尔自治区	1877	2.96	1189	3.57	-688	-36.65	18

　　将初级产品细分为第一、二产业，表 5 - 2 - 3 报告了不同类别初级产品国有企业的空间分布数据。研究期间内东部地区初级产品国有企业在第一、二产业的全部国有企业数量占比均有较大降幅，西部地区在第一、二产业占比有所上升，中部地区和东北地区占比基本持平。2003 ~ 2020 年，东部地区在第一、二产业全国占比分别从 31.6% 和 36.26% 下降至 24.14% 和 28.51%，降幅明显。地区内部，2003 年广东省和江苏省初级产品企业数量最多，在第一、二产业中的全国占比最大，至 2020 年占比降幅也最大。第一产业方面，广东省从 7.16% 下降至 3.93%，江苏省从 5.74% 下降至 3.64%，第二产业方面广东省从 11.03% 下降至 6.78%，江苏省从 7.56% 下降至 3.04%。其他省份占比变化不大。西部地区第一、二产业初级产品国企数量全国占比分别从 22.42% 和 21.85% 上升至 27.81% 和 28.65%，与东部地区相比呈现出反向变动趋势。西部地区有多个省份在一、二产业中全国占比增加，如内蒙古自治区从 1.16% 和 1.38% 上升至 1.74% 和 2.33%，广西壮族自治区从 3.75% 和 4.07% 上升至 4.6% 和 5.84%，贵州省从 2.37% 和 2.27% 上升至 4.45% 和 2.85%，陕西省从 0.95% 和 1.19% 上升至 1.90% 和 3.64% 等。值得注意的是重庆市在全部第一、二产业初级产品国有企业中的占比大幅度下降，分别从 1.21% 和 1.56% 下降至 0.17% 和 0.09%。中部地区和东北地区的此项占比变化不大，研究期内基本持平。中部地区初级产品国有企业在一、二产业占比从 31.27% 和 27.79% 小幅上升到 33.39% 和 29.62%，东北地区从 14.71% 和 14.10% 变化为 14.66% 和 13.22%。两个地区内部省份的占比情况变化不大。

表 5 - 2 - 3　　2003 年与 2020 年四大区域各省份初级产品国有企业分布情况

地区	省份	2003 年				2020 年			
		第一产业		第二产业		第一产业		第二产业	
		数量（家）	占比（%）	数量（家）	占比（%）	数量（家）	占比（%）	数量（家）	占比（%）
东部地区	北京市	71	0.38	186	0.41	41	0.35	120	0.55
	天津市	68	0.37	456	1.01	17	0.15	66	0.30

地区	省份	2003 年				2020 年			
		第一产业		第二产业		第一产业		第二产业	
		数量（家）	占比（%）	数量（家）	占比（%）	数量（家）	占比（%）	数量（家）	占比（%）
东部地区	河北省	437	2.36	1418	3.15	268	2.32	693	3.18
	上海市	58	0.31	242	0.54	54	0.47	192	0.88
	江苏省	1063	5.74	3401	7.56	421	3.64	663	3.04
	浙江省	561	3.03	1409	3.13	232	2.01	581	2.67
	福建省	913	4.93	1179	2.62	605	5.23	859	3.94
	山东省	807	4.36	2508	5.57	385	3.33	1240	5.69
	广东省	1326	7.16	4960	11.03	454	3.93	1477	6.78
	海南省	549	2.96	554	1.23	314	2.72	321	1.47
	合计	5853	31.60	16313	36.26	2791	24.14	6212	28.51
中部地区	山西省	458	2.47	1091	2.43	213	1.84	1053	4.83
	安徽省	436	2.35	1728	3.84	291	2.52	671	3.08
	江西省	1479	7.99	2080	4.62	842	7.28	866	3.97
	河南省	1154	6.23	3088	6.86	754	6.52	1430	6.56
	湖北省	1515	8.18	3273	7.28	1403	12.13	1785	8.19
	湖南省	749	4.04	1243	2.76	358	3.10	649	2.98
	合计	5791	31.27	12503	27.79	3861	33.39	6454	29.62
西部地区	内蒙古自治区	215	1.16	621	1.38	201	1.74	508	2.33
	广西壮族自治区	694	3.75	1830	4.07	532	4.60	1273	5.84
	重庆市	225	1.21	703	1.56	20	0.17	20	0.09
	四川省	761	4.11	2017	4.48	380	3.29	908	4.17
	贵州省	439	2.37	1021	2.27	514	4.45	622	2.85
	云南省	487	2.63	544	1.21	319	2.76	472	2.17

地区	省份	2003 年				2020 年			
		第一产业		第二产业		第一产业		第二产业	
		数量（家）	占比（%）	数量（家）	占比（%）	数量（家）	占比（%）	数量（家）	占比（%）
西部地区	西藏自治区	20	0.11	43	0.10	65	0.56	80	0.37
	陕西省	176	0.95	535	1.19	220	1.90	793	3.64
	甘肃省	287	1.55	687	1.53	322	2.78	363	1.67
	青海省	94	0.51	189	0.42	75	0.65	241	1.11
	宁夏回族自治区	126	0.68	392	0.87	62	0.54	280	1.29
	新疆维吾尔自治区	629	3.40	1248	2.77	506	4.38	683	3.13
	合计	4153	22.42	9830	21.85	3216	27.81	6243	28.65
东北地区	黑龙江省	847	4.57	2420	5.38	574	4.96	1202	5.52
	吉林省	949	5.12	1204	2.68	721	6.24	533	2.45
	辽宁省	929	5.02	2717	6.04	400	3.46	1145	5.25
	合计	2725	14.71	6341	14.10	1695	14.66	2880	13.22

图 5 - 2 - 4 报告了 2003 ~ 2020 年年度新建初级产品国有企业数量变化，以及初级产品国有企业新建数量占当年国有企业新建数量总和的比率。2003 年初级产品企业新建 4908 家，2012 年新建 947 家，此期间内初级产品企业年度新建数量呈现出快速下降趋势。2012 ~ 2020 年，年度新建数量有增有减，最低点是 2014 年，新建 810 家；最高点是 2017 年，新建 1364 家；2020 年新建数量为 890 个。研究期间内，初级产品当年新建数量在全国当年新建数量中的占比为 7% ~ 8%，但却在 2008 年和 2020 年出现明显下滑。究其原因是由于 2008 年经济危机和 2020 年全球疫情影响下的财政刺激政策使当年度其他国有企业新建数量较上一年有较大增长。

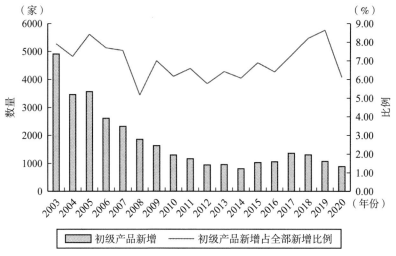

图 5 - 2 - 4　2003 ~ 2020 年初级产品国有企业年度新建数量
及其在年度全部新建国有企业中占比变化趋势

　　四大区域初级产品年度新建企业数量的变化趋势基本一致，研究期内大体上呈现出递减趋势（见图 5 - 2 - 5）。2003 ~ 2011 年，四大区域均呈现出年度新建数量同步快速下降的趋势。但进入 2012 年后，四大区域的差异性开始体现，中东西部地区均经历了不同程度的小幅增长，之后略有下降；东北地区则在波动中略有下降。从各地区年度初级产品新建企业占全国初级产品新建企业的比重看（见图 5 - 2 - 6），研究期间内西部地区新建企业占比逐步走高，东、中和东北地区则表现为下降趋势。2020 年西部地区新建初级产品企业数量甚至超过了全国同类新建企业数量的 50%，西部地区越来越成为初级产品新建企业的主要来源。

　　从各省份初级产品国有企业年度新建数量看（见表 5 - 2 - 4），2003 年初级产品新建企业数量最多的三个省份分别是广东省（新建 451 家，全国占比 9.19%）、湖北省（441，8.99%）和河南省（427，8.7%），最少的三个省份分别是西藏自治区（6，0.12%）、天津市（12，0.24%）和北京市（17，0.35%）。2020 年年度新建数量相比于 2003 年，除西藏自治区数量略有增长之外，其他各省份均大幅度下降，

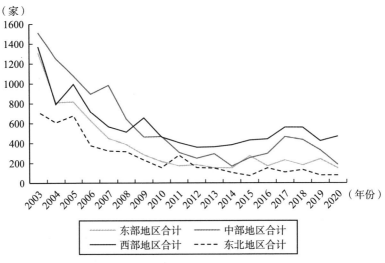

图 5 – 2 – 5　2003～2020 年四大区域初级产品国有企业年度
新建数量变化趋势

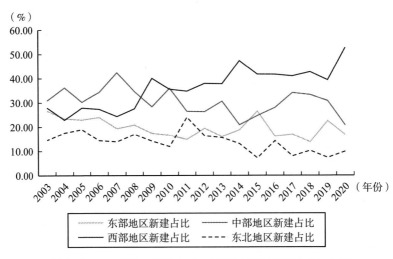

图 5 – 2 – 6　2003～2020 年四大区域初级产品国有企业年度
新建数量占比变化趋势

尤其是 2003 年新建数量排名靠前的省份，如广东、湖北、河南、黑龙江和辽宁等，年度新建数量从 200～400 家大幅下滑至 20～40 家，全国占比从 5% ~9% 下降至 2% ~4%。研究期间内新建数量全国占比上升较大的省份主要是陕西、贵州、四川、山东和甘肃等，如陕西省新建数量全国占比从 2003 年的 2.2% 上升至 2020 年的 8.43%，贵州省从 2.83% 上升至 8.76%，四川省从 4.54% 上升至 8.43%。

表 5 – 2 – 4　2003 年与 2020 年初级产品国有企业各省份新建数量变化对比

省/自治区、直辖市	2003 年		2020 年		占比增长百分点
	新建（家）	占比（%）	新建（家）	占比（%）	
北京市	17	0.35	0	0.00	−0.35
天津市	12	0.24	1	0.11	−0.13
河北省	194	3.95	22	2.47	−1.48
山西省	144	2.93	35	3.93	1.00
内蒙古自治区	118	2.40	19	2.13	−0.27
辽宁省	253	5.15	31	3.48	−1.67
吉林省	176	3.59	28	3.15	−0.44
黑龙江省	285	5.81	29	3.26	−2.55
上海市	25	0.51	0	0.00	−0.51
江苏省	87	1.77	4	0.45	−1.32
浙江省	92	1.87	13	1.46	−0.41
安徽省	114	2.32	33	3.71	1.39
福建省	185	3.77	17	1.91	−1.86
江西省	238	4.85	25	2.81	−2.04
山东省	186	3.79	62	6.97	3.18
河南省	427	8.70	35	3.93	−4.77
湖北省	441	8.99	20	2.25	−6.74
湖南省	150	3.06	36	4.04	0.99
广东省	451	9.19	22	2.47	−6.72
广西壮族自治区	122	2.49	46	5.17	2.68
海南省	60	1.22	8	0.90	−0.32
重庆市	64	1.30	3	0.34	−0.97

省/自治区、直辖市	2003 年		2020 年		占比增长百分点
	新建（家）	占比（%）	新建（家）	占比（%）	
四川省	223	4.54	75	8.43	3.88
贵州省	139	2.83	78	8.76	5.93
云南省	105	2.14	37	4.16	2.02
西藏自治区	6	0.12	10	1.12	1.00
陕西省	108	2.20	75	8.43	6.23
甘肃省	101	2.06	43	4.83	2.77
青海省	36	0.73	16	1.80	1.06
宁夏回族自治区	121	2.47	11	1.24	-1.23
新疆维吾尔自治区	228	4.65	56	6.29	1.65

5.3 初级产品国有经济产业布局的演变趋势及调整成效

如图 5-3-1 所示，初级产品国有企业主要集中在第一、二产业，第一、二产业的初级产品国有企业数量虽均呈下降趋势，但是其占初级产品企业总量的比重变化趋势却表现出异质性：第一产业初级产品国有企业占比逐年攀升，但第二产业初级产品国有企业占比却呈下降趋势。研究期间内，第一产业初级产品企业数量从 18522 家下降到 11563 家，在初级产品企业总量中的占比由 29.16% 上升至 35.18%；第二产业初级产品企业数量从 44987 家下降到 21789 家，占比由 70.84% 下降到 65.22%。

图 5-3-2 报告了研究期间内第一、第二产业及行业门类的初级产品国有企业数量变化情况。第二产业中初级产品企业数量减少的绝对数量和相对比重均大于第一产业。具体数据为第一产业初级产品企业数量减少了 6959 家，下降率 37.57%；第二产业减少了 23198 家，

下降了 51. 57%。

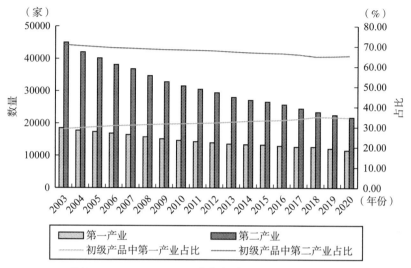

图 5 - 3 - 1 2003~2020 年初级产品国有企业数量在

第一、第二产业分布的变化趋势

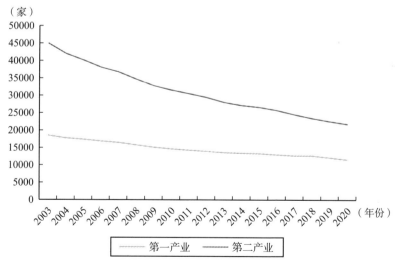

图 5 - 3 - 2 2003~2020 年初级产品国有企业数量在

第一、二产业分布数量变化趋势

具体到细分行业门类（见表 5 - 3 - 1），第二产业中的"电力、热力、燃气及水生产和供应业"数量下降比率最小，为 23.72%，共减少3906 家；制造业企业减少 17944 家，下降比率 70.65%，两项数据均为最大。农、林、牧、渔业和采矿业下降幅度相近，分别为 37.57% 和42.54%。

表 5 - 3 - 1　　2003 年与 2020 年初级产品国企在各产业门类分布变化对比

	产业门类	2003 年	2020 年	增量（家）	增幅（%）
第一产业	农、林、牧、渔业	18522	11563	-6959	-37.57
第二产业	采矿业	3051	1753	-1298	-42.54
	制造业	25468	7474	-17994	-70.65
	电力、热力、燃气及水生产和供应业	16468	12562	-3906	-23.72
	第二产业合计	44987	21789	-23198	-51.57

以上数据变动与国企改革的政策方向高度一致，"电力、热力、燃气及水生产和供应业"涉及国家安全、国民经济命脉的重要行业，涉及保障城市运行的公共产品和服务提供企业，企业数量下降最少；如表 5 - 3 - 2 所示，涉及初级产品的制造业包含了农副食品加工业，酒、饮料和精制茶制造业，烟草制品业，纺织业，石油、煤炭及其他燃料加工业，化学原料和化学制品制造业，化学纤维制造业等，除烟草等个别垄断行业外，其他行业均属商业类企业，并非关系国家安全、国民经济命脉的重要行业和关键领域，且面临充分市场竞争，数量减少最多；农、林、牧、渔业和采矿业变动趋势则与国有企业总量变动趋势大体一致。

表 5 - 3 - 2 2003 年与 2020 年制造业各行业大类初级产品国企数量变化对比

行业大类	2003 年	2020 年	增量（家）	增幅（%）
农副食品加工业	8717	2903	- 5814	- 66.70
食品制造业	2704	834	- 1870	- 69.16
酒、饮料和精制茶制造业	2575	711	- 1864	- 72.39
烟草制品业	199	142	- 57	- 28.64
纺织业	3144	782	- 2362	- 75.13
皮革、毛皮、羽毛及其制品和制鞋业	846	229	- 617	- 72.93
造纸和纸制品业	1425	342	- 1083	- 76.00
石油、煤炭及其他燃料加工业	543	182	- 361	- 66.48
化学原料和化学制品制造业	5223	1318	- 3905	- 74.77
化学纤维制造业	92	31	- 61	- 66.30
合计	25468	7474	- 17994	- 70.65

图 5 - 3 - 3 和图 5 - 3 - 4 汇报了初级产品国有企业数量在各行业门类分布的变化趋势。整体趋势上看，各个行业门类的初级产品国有企业数量都在减少。从行业门类的分布上看，农、林、牧、渔业所占比重比较稳定，基本维持在 30% 左右，研究期间内从 29.16% 平稳上涨到了 34.67%。采矿业占比也相对稳定，基本维持在 5% 左右。制造业和电力、电热、燃气及水生产和供应业的占比呈现出此消彼长趋势，前者占比从 40.1% 下降到了 22.41%，后者从 25.93% 上涨到了 36.85%。

表 5 - 3 - 3 和表 5 - 3 - 4 报告了行业门类和行业大类中企业数量变化的具体数据。从行业大类的企业数量变动比率看，制造业中除烟草制品业下降幅度较小（- 57，- 28.64%）外，其他行业大类的降幅均在 60% 以上，其中降幅最大的三个行业大类是造纸和纸制品业（- 1083，- 76%）、纺织业（- 2362，- 75.13%）以及化学原料和化学制品制造业（- 3905，- 74.77%）。农、林、牧、渔业中，林业和农业降幅相对较小，分别为 18.3% 和 22.22%，畜牧业、渔业和农、林、牧、渔专业及辅助性活动三个行业大类的降幅均在 50% 左右。

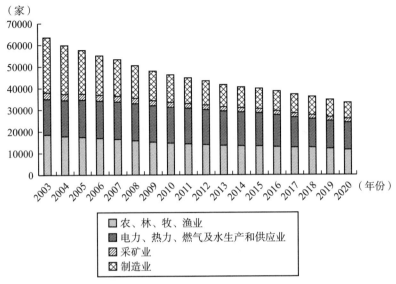

图 5 - 3 - 3　2003~2020 年初级产品国有企业数量在各行业门类分布变化趋势

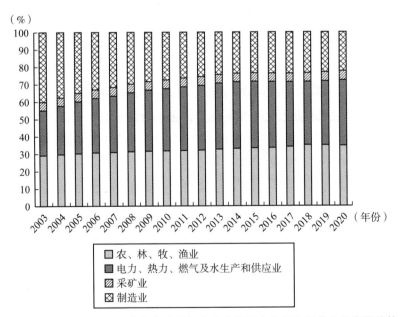

图 5 - 3 - 4　2003~2020 年初级产品国有企业数量在各行业门类占比变化趋势

表 5 - 3 - 3　2003 年与 2020 年初级产品国有企业数量在各行业大类分布变化

行业大类代码	行业门类代码	2003 年（家）	2020 年（家）	增量（家）	增幅（%）
1	A	3704	3026	-678	-18.30
2	A	4145	3224	-921	-22.22
3	A	2283	1254	-1029	-45.07
4	A	1576	853	-723	-45.88
5	A	6814	3206	-3608	-52.95
6	B	1359	775	-584	-42.97
7	B	26	48	22	84.62
8	B	230	141	-89	-38.70
9	B	697	354	-343	-49.21
10	B	739	435	-304	-41.14
13	C	8717	2903	-5814	-66.70
14	C	2704	834	-1870	-69.16
15	C	2575	711	-1864	-72.39
16	C	199	142	-57	-28.64
17	C	3144	782	-2362	-75.13
19	C	846	229	-617	-72.93
22	C	1425	342	-1083	-76.00
25	C	543	182	-361	-66.48
26	C	5223	1318	-3905	-74.77
28	C	92	31	-61	-66.30
44	D	11247	7308	-3939	-35.02
45	D	2105	1316	-789	-37.48
46	D	3116	3938	822	26.38
初级产品国有企业存量		63509	33352	-30157	-47.48
全部国企数量存量		804225	469930	-334295	-41.57
初级产品占全部国企数量存量比重		7.90%	7.10%	-0.8%	-10.13%

表 5 - 3 - 4　　　　　初级产品所涉及行业门类和大类代码

行业大类代码	行业大类	行业门类代码	行业门类名称
1	农业	A	农、林、牧、渔业
2	林业		
3	畜牧业		
4	渔业		
5	农、林、牧、渔专业及辅助性活动		
6	煤炭开采和洗选业	B	采矿业
7	石油和天然气开采业		
8	黑色金属矿采选业		
9	有色金属矿采选业		
10	非金属矿采选业		
13	农副食品加工业	C	制造业
14	食品制造业		
15	酒、饮料和精制茶制造业		
16	烟草制品业		
17	纺织业		
19	皮革、毛皮、羽毛及其制品和制鞋业		
22	造纸和纸制品业		
25	石油、煤炭及其他燃料加工业		
26	化学原料和化学制品制造业		
28	化学纤维制造业		
44	电力、热力生产和供应业	D	电力、热力、燃气及水生产和供应业
45	燃气生产和供应业		
46	水的生产和供应业		

从细分行业中的企业数量变动看，数量下降最多的 5 个行业大类分别是农副食品加工业（ - 5814， - 66.7%）、电力、热力生产和供应业（ - 3939， - 35.02%）、化学原料和化学制品制造业（ - 3905，

-74.77%)、农、林、牧、渔专业及辅助性活动（-3608，-52.95%）以及纺织业（-2362，-75.13%）。所有初级产品行业中只有石油和天然气开采以及水的生产和供应业两个行业取得了企业数量正增长，增量分别为 22 和 822，增幅为 84.62% 和 26.38%。

　　考察不同地区在三次产业中布局变化（见图 5-3-5），可以发现四大区域在第一产业中的初级产品企业数量总体上都呈现出下降趋势，但不同地区在调整过程中呈现出差异性。在第一产业中，东部地区和中部地区下降数量最多，前者减少 3062 家，降幅 52.32%，后者减少 1939 家，降幅 33.33%。二者在 2003 年初级产品企业数量大致相当，但在 2003~2008 年间，东部地区数量下降较快，中部地区基本不变，二者逐渐拉开差距，此差距一直延续到研究期末。西部地区和东北地区第一产业初级产品企业下降数量相对东、中部地区较小，尤其是西部地区，绝对数量减少了 937 家，降幅 22.56%，为各地区最小值。东北地区在研究期初始数量为 2725 家，研究期末 1695 家，研究期内始终是各地区中数量最少的地区，研究期间共减少 1030 家，降幅 37.8%。

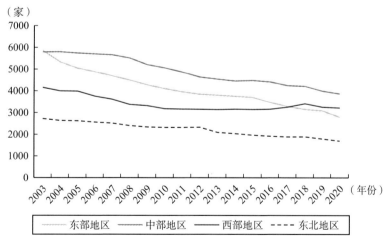

图 5-3-5　2003~2020 年第一产业初级产品国有
企业数量在各地区分布变化趋势

从第一产业中各地区初级产品企业数量的占比看（见图 5 - 3 - 6），研究初期东部地区和中部地区各占 31% 左右，西部地区占比 22.42%，东北地区占比 14.71%。此后东部地区占比持续下降，中、西部地区占比有所提升，东北地区则一直稳定在 15% 左右。至研究期末，中部地区占比 33.39%，西部地区占比 27.81%，东部地区占比 24.14%，东北地区占比 14.66%。

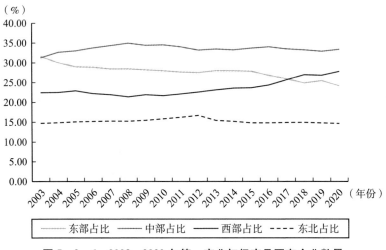

图 5 - 3 - 6　2003～2020 年第一产业初级产品国有企业数量
在各地区分布占比变化趋势

值得注意的是，2012 年发布中央一号文件《关于加快推进农业科技创新持续增强农产品供给保障能力的若干意见》，强调农产品供给保障的重要性。同年，《国务院关于支持农业产业化龙头企业发展的意见》要求培育壮大龙头企业，打造一批自主创新能力强、加工水平高、处于行业领先地位的大型龙头企业；反映到初级产品国企数量变化上就是 2012 年前后农业初级产品国企数量趋势有了新的变化。如图 5 - 3 - 7 所示，2012 年之后第一产业中除农业外各行业大类的初级产品国企数量变化基本延续了此前的缓降趋势，但农业开始逐渐止跌上扬，并实现了连续 6 年正增长，具体数量及增长率数据请见图 5 - 3 - 8。

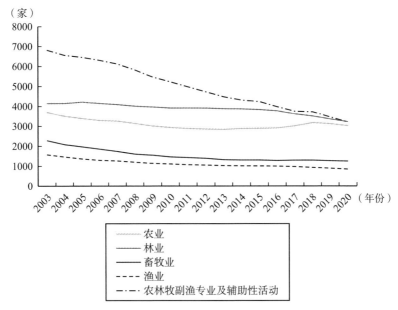

图 5 - 3 - 7　2003 ~ 2020 年第一产业各行业大类初级产品国企数量变化趋势

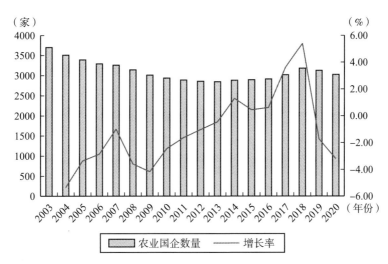

图 5 - 3 - 8　2003 ~ 2020 年农业国有企业数量变化趋势

具体考察四大区域农业国有企业数量在 2012 年前后的变化趋势（见图 5 - 3 - 9），可以发现中西部地区数量增长趋势较为明显，东部地区相较于 2012 之前的下降趋势有所减缓，东北地区略有下降。2012 年之后农业国企数量新增较多的省份主要有中部地区的湖北和河南，以及西部地区的新疆、云南、甘肃、四川和陕西等，这些省份大多具有独特的自然地理条件，光、热、水、土资源丰富，具有发展特色农业的先天优势，各省都出台了不少促进农业发展的政策措施，在 2012 年之后新建初级产品企业数量增长较多。中央层面也一直支持促进中西部农业发展，如 2012 年《中共中央国务院关于促进中部地区崛起的若干意见》中要求"巩固粮食生产基地地位，毫不松懈抓好粮食生产"，同年《西部大开发"十二五"规划》要求充分发挥西部地区光热水土资源和生物资源的丰富优势，结合特殊自然条件，构建以农产品主产区为主体，以其他农业地区为重要组成的农业发展战略格局。东北地区在 2013 年出现了较大幅度下降，主要是由于黑龙江省农业国有企业在 2013 年出现了较大负增长，而吉林省和辽宁省当年均为正增长。可见在 2012 年中央一号文件发布之后，农业国有企业数量下降的趋势逐步变成了增长的趋势，对保障农产品供应起到了促进作用。

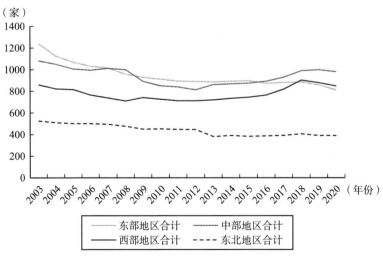

图 5 - 3 - 9　2003 ~ 2020 年四大区域农业国有企业数量

第二产业中，四大区域的初级产品企业数量均呈现下降趋势。如图 5 – 3 – 10 所示，东部地区数量下降最多，从 16313 家减少到 6212 家，减量 10101 家，降幅 61.92%。中部地区下降数量次之，从 12503 家减少到 6454 家，减量 6049 家，降幅 48.38%。西部地区减量 3587 家，降幅 36.49%。以上三个地区初始数量差距较大，但在研究期末三地区初级产品企业数量逐步趋同，都在 6200 ~ 6400 家。东北地区的第二产业初级产品企业数量在各地区中仍为同期最少，研究期内从 6341 家下降到 2880 家，降幅 51.57%。

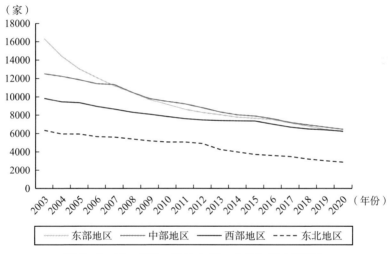

图 5 – 3 – 10　2003 ~ 2020 年第二产业初级产品国有
企业数量在各地区分布变化趋势

从第二产业中各地区初级产品企业数量的占比看（见图 5 – 3 – 11），研究期间初期各地区占比由高到低依次是东部地区 36.26%、中部地区 27.79%、西部地区 21.85% 以及东北地区 14.1%。随着时间推移，由于东部地区数量下降相对于其他中、西部地区更快，导致东部地区占比逐渐下降，中、西部地区占比上升，至研究期末，东、中、西部地区在第二产业的初级产品企业数量占比均在 29% 左右。东北地区占比则从 2003 年的 14.1% 小幅上升到 2012 年的 16.54%，之后逐步下降至

2020 年的 13.22%，经历了一个先上升后下降的过程，但一直维持在 13%~16%。

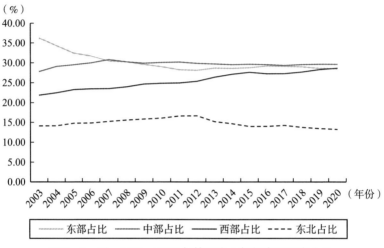

图 5-3-11   2003~2020 年第二产业初级产品国有企业
数量在各地区分布变化趋势

从全国层面看，研究期内第一、二产业中初级产品年度新建企业数量的差值逐步缩小趋同（见图 5-3-12），2003 年第一产业新增企业 1258 家，第二产业新增 3650 家，差值 2392。2017~2020 年第一、二产业初级产品新建企业数量已经十分接近，2020 年第一产业新建 411 家，第二产业新建 479 家。

从三次产业和四大区域角度看（见表 5-3-5），东部、中部和东北地区第一产业年度新建初级产品企业数量降幅较大，均接近或大于 80%，但西部地区降幅仅 21.77%。各地区在第二产业年度初级产品新建企业数量降幅均较大，西部地区降幅 79.03%，其他地区降幅均接近或超过 90%。

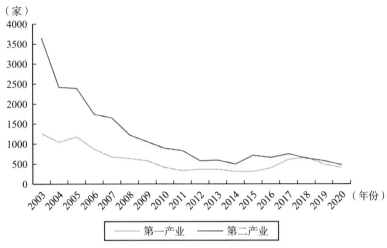

图 5 - 3 - 12　2003 ~ 2020 年第一、二产业初级产品国有
企业年度新建数量变化趋势

表 5 - 3 - 5　2003 年与 2020 年第一、二产业初级产品国有企业
年度新建数量各地区分布数据对比

	2003 年		2020 年		降幅	
	第一产业（家）	第二产业（家）	第一产业（家）	第二产业（家）	第一产业（%）	第二产业（%）
东部地区	384	925	45	104	88.28	88.76
中部地区	372	1142	78	106	79.03	90.72
西部地区	317	1054	248	221	21.77	79.03
东北地区	185	529	40	48	78.38	90.93
全国	1258	3650	411	479	67.33	86.88

　　研究期内新建数据变化最大的三个行业是"电力、热力生产和供应业""农、林、牧、渔专业及辅助性活动"以及农副食品加工业。如图 5 - 3 - 13 所示，其中电力、热力生产和供应业的年度新建数量从 2003 年的 1677 家下降到了 2020 年的 137 家，降幅最大。除去以上 3 个行业外的其他 20 个行业的新建数据变化相对较小，从图中可见其数量变化趋势并不明显。

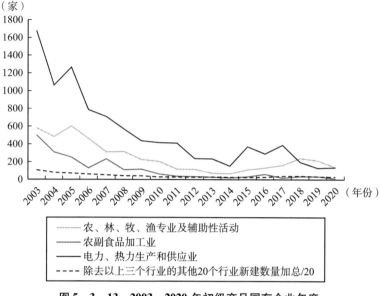

图 5 – 3 – 13　2003 ~ 2020 年初级产品国有企业年度
新建数量变动较大行业的变动趋势

5.4　初级产品国有经济布局优化
与结构调整的战略方向

　　初级产品国有企业在响应国家战略要求，适应经济社会快速发展的过程中，取得了一定的调整成效，主要表现为空间上数量分布趋向一致，行业上更加向重点领域和关键行业集中。但在该过程中呈现出显著的行业、空间异质性。进一步研究行业发展积极性与区域发展偏向性等规律，对于深入挖掘国有经济初级产品企业战略调整方向，增强初级产品保供能力，构建全链条的产业链、供应链安全体系具有重要指导意义。

　　首先，行业自身属性决定了初级产品行业发展的积极性。国有企业既要服务于国有资产保值增值的"逐利"要求，又要服务于国有资本承担的国家战略、国计民生的"公益"功能要求。但近年来国有企业总体调整成效显示，国有经济布局调整的方向更多地受到"逐利"

导向的驱使，比如房地产和建筑业行业发展积极性很高（黄群慧，2020）。初级产品中各行业"资本保值增值"能力差别较大，尤其是其中农业、市政公益性服务等领域利润率较低，考察各行业发展积极性是研究结构调整方向的重要内容。从各行业门类国有企业的数量占比看，农、林、牧、渔业从 29.16% 平稳上涨到了 34.67%，采矿业基本维持在 5% 左右，电力、热力、燃气及水生产和供应业由 25.93% 上涨到了 36.85%，制造业从 40.1% 大幅下降到了 22.41%（见图 5-4-1）。从固定资产投资完成额增速方面，农、林、牧、渔业投资增速常年高于其他门类，电力、热力、燃气及水生产和供应业次之，制造业和采矿业在 2008 年危机刺激政策之后投资增速较低，尤其是采矿业负增长年份较多（见图 5-4-2）。综合以上两项数据可以发现，农、林、牧、渔业和电力、热力、燃气及水生产和供应业是发展积极性最高的行业门类，前者与党和政府对农产品领域，特别是粮食领域的高度重视密切相关，后者则是由经济社会对电力、燃气等能源需求的不断增长，以及工业化和城镇化的快速发展所推动。制造业门类的数量和占比下降均为最大，是四个门类中发展积极性最低的门类，可能原因有两个：一是所涉及的行业大类非关键领域，国有企业有序退出；二是所处行业市场竞争日趋激烈，制造业国有企业亏损发生率明显高于采矿业①。可以发现，国有经济初级产品企业相关行业的发展积极性很好地响应了国家政策导向与现实经济需求，在经济社会的快速发展中发挥了重要的支撑和促进作用。

其次，自然、社会历史因素等条件构成的资源禀赋，是初级产品企业赖以发展的现实基础，其差异决定了初级产品行业发展的区域偏向性。就不同行业门类而言，农、林、牧、渔业和采矿业对自然禀赋要求较高，尤其是采矿业，高度依赖矿产资源分布，具有较强的区域聚集特征；电力、热力、燃气及水生产和供应业中，生产端受到自然

---

① 《中国统计年鉴》数据，该行业门类下亏损企业数量/该行业全部企业数量，笔者计算。

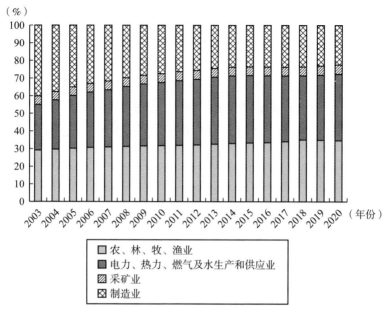

图 5 - 4 - 1　2003 ~ 2020 年初级产品国有企业数量在各行业门类占比变化趋势

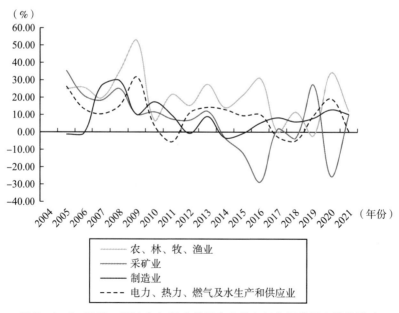

图 5 - 4 - 2　2005 ~ 2021 年初级产品国有企业各行业门类固定投资增速

禀赋约束，供应则依托于消费端不同地区的经济社会实际需求，与城市、人口和工商业规模发展状况密切相关；制造业虽然依赖于农业与采矿业的原材料供应，但更多是与经济发展程度和工业基础相关联，如东部地区和中部地区在研究期间初期制造业国有经济初级产品企业数量较多。对比 2003 年与 2020 年各区域内部的各行业门类初级产品国有企业数量占比（见表 5 - 4 - 1），以及初级产品各行业门类内部的各区域国有企业数量占比（见图 5 - 4 - 3），可以具体分析各区域行业发展的偏向性。东部地区中，虽然近年来制造业占比仍较高，在各区域横向比较中处于较高水平，体现了东部地区制造业基础雄厚和地区经济发展水平较高的优势。但是制造业在东部地区各行业门类中的占比从 2003 年的 45.10% 大幅度下降到了 2020 年的 31.35%，并且有进一步下降趋势，说明制造业是东部地区最不偏向发展的初级产品行业门类。中部地区农、林、牧、渔业与采矿业发展积极性较高，充分发挥了自然资源禀赋优势；制造业在中部地区内部占比由 2002 年的 39.79% 大幅下降至 2020 年的 21.92%，再次成为最不偏向发展的行业门类。西部地区情形与中部地区相似，充分体现了其地域辽阔，自然资源条件突出的优势，同时也暴露出制造业短板；东北地区农、林、牧、渔业发展积极性最高，地区内占比由 2003 年的 30.06% 上升至 2020 年的 37.05%，充分体现了黑土地"大国粮仓"的地位；但东北地区是各地区中唯一采矿业占比下降的地区，主要原因是东北地区多地面临资源枯竭与城市转型的客观限制，而非主观上不偏向发展。总体上看，各区域中的农、林、牧、渔业与电力、热力、燃气及水生产和供应业的占比均为正增长，是各地区均偏向发展的产业门类，特别是后者增长尤其显著。前者体现了粮食与其他重要农产品的重要性，后者则与经济社会和城市化进程的快速发展密切相关。制造业是各地区中都最不偏向发展的行业门类，其原因前文已有论述。

表 5 - 4 - 1　　　　2003 年与 2020 年四大区域内各初级产品

行业门类国企数量占比　　　　　单位：%

四大区域	2003 年				2020 年			
	农、林、牧、渔业	采矿业	制造业	电力、热力、燃气及水生产和供应业	农、林、牧、渔业	采矿业	制造业	电力、热力、燃气及水生产和供应业
东部地区	26.41	3.21	45.10	25.29	31.00	3.77	31.35	33.89
中部地区	31.66	5.27	39.79	23.28	37.43	6.32	21.92	34.33
西部地区	29.70	5.56	32.10	32.64	34.00	5.90	16.60	43.50
东北地区	30.06	6.60	40.84	22.50	37.05	4.46	17.95	40.55

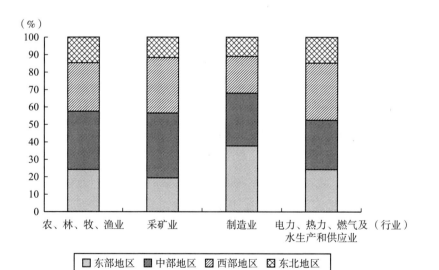

图 5 - 4 - 3　2020 年四大区域国有企业在初级产品各行业门类中占比

　　最后，要充分挖掘国有经济初级产品企业发展潜力，明确战略调整方向，推动构建全链条的产业链、供应链安全体系。要始终坚持统筹推进与重点突破相结合（袁东明和袁璐瑶，2019）。重要农产品、能源与战略矿产作为国家安全发展的基本物质基础，是初级产品的核心领域。当前，这三个核心领域在可持续供给保障方面仍存在较多问题，重点增强这些领域内国有企业的供给保障能力，是初级产品国有企业的战略调整方向。农业领域的问题主要表现在种业安全、实际粮食作物种植面积以及需求结构变化三个方面。一是种子行业存在着部分种源对外依存度较高、种质资源保护利用能力不足、种业企业创新能力不强、产学研衔接不紧密等问题。种业是现代农业的芯片，种业安全是粮食安全的重要前提，当前在一些品种环节和领域还存在不少短板和弱项（陈温福等，2021）。二是实际粮食作物种植面积仍在下降，虽然由于农业科技水平提高而未造成粮食产量下降，但仍需引起重视。三是需求结构变化，这是由于人民生活水平不断提高，粮食直接消费的比重下降，间接消费比重上升，对肉、蛋、奶、水果、蔬菜的消费迅速增加，由以植物蛋白为主转变成以动物蛋白为主。国有农业相关企业的战略调整应重点面向种业科技、高标准农田建设与高品质农产品生产等领域发力。能源方面的问题除资源禀赋约束外，主要表现为核心技术能力不足以及战略储备能力薄弱两方面，提高自主研发与外部技术的引进消化吸收能力，建设充裕的应急储备体系是当务之急。矿产方面的问题主要体现在矿产勘察队伍萎缩、先进技术研发推广困难、行业标准和政策引导不足、国际定价权缺失等方面。特别应重视战略性关键矿产资源这一关键少数，加强相关的安全法律监管（王江，2021）。加强开采、储备以及国际资源保障能力是能源和矿产品相关国有企业共同的战略调整方向，必须坚持立足优势，积极作为，准确把握时势变化。相关企业在调整中要向总量提升、技术提升和储备体系建设三方面重点突破，增强勘探队伍建设，加强海洋资源、矿产资源开发保护水平，增强国际矿产资源获取和保障能力。上述问题反映了初级产品行业对人才、技术、资金以及示范性龙头企业的强烈需求，而这正是国有企业的优势所在，责任所在，为国有经济初级产品企业战略调整指明了方向。在调整中，要重点结合初级产品行业发展积极性与地区产业优势，完善初级产品各领域供应链体系，实现生产、供应和储备全方位保障能力的供给体系建设。

第 6 章

国有经济产业布局及其在
产业发展中的作用

6.1 国有经济在产业链中的作用发挥

国有经济产业布局的调整不仅提高了国有经济总体发展质量，还在推动上下游、产供销有效衔接、协调运转上发挥了重要作用。

6.1.1 国有经济产业布局调整提高国有经济发展质量

国有经济产业布局调整有利于发挥国有经济自身优势。目前，我国国有经济主要分布在关系国家安全、国民经济命脉的重要行业和关键领域。这些产业领域要么属于资本密集型产业，要么属于技术密集型产业，或者二者兼有之。推动国有经济在这些行业领域中实现高质量发展，需要国有经济在产业间有进有退。

一方面，国有经济从部分产业退出优化了国有经济总体布局，提高了国有经济总体发展质量。首先，国有经济逐渐从过剩产业退出。随着一些行业领域市场化改革的推进，非国有经济逐渐参与到市场竞争中，加剧了行业内的竞争，导致部分行业出现产能过剩问题。国有经济从这些领域中退出有助于改善产业竞争格局，促进行业良性健康发展。其次，国有经济逐渐剥离低效资产。部分行业中国有企业效率过低，随着非国有经济的进入，适时从这类行业中退出是提高国有经济发展质量的重要途径。最后，国有企业从非主业产业退出。近年来，国有企业普遍实施清理非主业的改革，从非主业产业退出可以集中资源发展国有经济优势产业，推动国有经济高质量发展。

另一方面，国有经济逐渐向重要行业和关键领域集中，提高了相关产业中的国有经济发展质量。国有经济重点布局的重要行业和关键领域大多是处于产业链上游的资本密集型产业，规模经济对于这类行业发展至关重要。从低效、过剩和非主业产业退出的国有资本，可以为分布在关系国家安全、国民经济命脉的重要行业和关键领域的国有资本提供发展资金支持，既可以提高相关产业国有经济的总体效率，也有助于更大程度发挥国有经济的战略支撑作用。

6.1.2 国有经济产业布局调整促进产业链现代化

产业链现代化是构建新发展格局的重要支撑。从内涵来看，产业链现代化具有多个维度（刘志彪，2019）。在创新层面，产业链现代化要求产业技术创新达到世界先进水平，在关键环节具有自主可控的核心技术；在产业关联的角度上，产业链现代化要求产业上下游企业间实现深度分工和高度协同；在价值创造上，产业链现代化要求相关支柱产业迈上全球价值链中高端。国有经济产业布局调整在推动我国产业链现代化过程中发挥了重要作用。

一是在创新层面，国有经济逐渐向战略性新兴产业布局，产业创新水平大幅提高。近年来，部分产业中的国有企业在载人航天、探月工程、深海探测、高速铁路、核电等领域取得了一批具有世界先进水平的标志性重大科技创新成果。数据显示，"十三五"期间，仅中央企业累计研发投入就达 3.4 万亿元，占全国比例的四分之一，累计获得国家科技进步奖、技术发明奖 364 项，占到全国同类获奖总数的 38%。① "十四

---

① 数据来源：国务院新闻办公室 2021 年 2 月 23 日新闻发布会。

五"时期，国有经济将加大在关键核心技术"卡脖子"领域和产业薄弱环节的攻关力度，在战略性新兴技术和产业前沿领域加快布局。

二是在产业上下游关联上，国有经济上游布局推动了产业链上下游协同发展。改革开放以来，我国逐渐形成了国有经济在上游占主导、民营经济在下游占主导的垂直结构产业分布格局（李系等，2014；王勇，2017）。而上游国有企业往往存在过度投资问题，导致上游产能过剩问题突出，不利于上游产业自身的发展。但是，过剩的上游产能对于下游产业的发展却具有一定的积极作用。上游产业的过剩产能可以为下游产业提供大量廉价的中间投入品，为下游民营经济的发展提供重要的战略支撑，一定程度上帮助下游产业在国际竞争中保持竞争力。在支撑下游民营经济通过出口实现迅速发展的同时，上游国有经济自身的产能过剩问题也将有所缓解。因此，国有经济产业上游布局与民营经济产业下游布局促进了国有经济与民营经济、上游产业与下游产业的协同发展。

三是在价值创造上，一些关键行业领域中的国有企业逐渐成为世界一流企业。在 2021 年《财富》世界五百强企业中，共有 143 家中国企业上榜，其中国有企业上榜数量达 95 家。国有经济已经向价值链中高端迈出坚实步伐。以中车集团为例，其高铁相关产品不仅在国内处于绝对龙头地位，在国际市场中也占据领先地位。

6.2　国有经济在产业链中的位置

6.2.1　产业上游度的测度

为考察国有经济在产业链中的位置，本书参照安特拉斯等（Antràs et al.，2012）提出的方法，利用 2007 年中国投入产出表计算产业间上下游关系，计算各行业间的上下游指数，得出各行业上下游的排序

（排名越靠前的行业产业链位置更上游）①。在剔除部分数据缺失和产业总体规模较小的行业后，共保留了 35 个行业的上下游位置。

表 6 - 2 - 1　　　　　　　　国民经济行业的上下游排序

排序	行业名称	上下游指数	排序	行业名称	上下游指数
1	有色金属矿采选业	5.01	19	燃气生产和供应业	2.66
2	化学纤维制造业	4.58	20	仪器仪表及文化、办公用机械制造业	2.58
3	黑色金属矿采选业	4.31	21	水的生产和供应业	2.50
4	煤炭开采和洗选业	4.29	22	皮革、毛皮、羽毛（绒）及其制品业	2.40
5	有色金属冶炼及压延加工业	3.99	23	电气机械及器材制造业	2.40
6	纺织业	3.91	24	工艺品及其他制造业	2.00
7	电力、热力的生产和供应业	3.91	25	交通运输设备制造业	1.92
8	化学原料及化学制品制造业	3.55	26	专用设备制造业	1.91
9	塑料制品业	3.53	27	非金属矿物质制品业	1.91
10	黑色金属冶炼及压延加工业	3.31	28	印刷业和记录媒介的复制业	1.74
11	通讯、计算机及其他电子设备设备制造业	3.30	29	饮料制造业	1.64
12	橡胶制品业	3.24	30	纺织服装、鞋、帽制造业	1.55
13	造纸及纸制品业	3.12	31	农副食品加工业	1.53
14	非金属矿采选	3.09	32	家具制造业	1.40
15	金属制品业	2.98	33	文教体育用品制造业	1.38
16	石油加工、炼焦及核燃料加工业	2.90	34	医药制造业	1.35
17	木材加工及木、竹、藤、棕、草制品业	2.84	35	其他食品加工和食品制造业	1.25
18	通用设备制造业	2.71			

---

① 采用其他年度投入产出表数据的计算结果基本一致，因此只汇报了 2007 年的计算结果。

6.2.2　国有经济在产业链位置的演变

为更好地观察国有经济产业链位置的整体变化情况，本书以各行业国有资本投入占比作为权重计算国有经济的上游度指数。从图6-2-1上游度指数变化可以看到，国有经济在2000~2008年上游度指数逐年提高，2009~2014年有所下降，并在2015年后重拾上升趋势。我国国有经济产业链布局虽历经曲折，但总体仍呈现向上游行业集中的趋势。

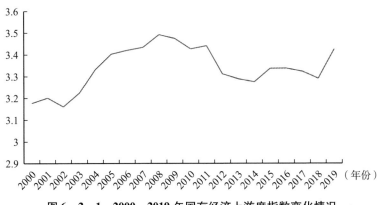

图6-2-1　2000~2019年国有经济上游度指数变化情况

事实上，国有经济产业布局的调整与我国经济发展实际具有高度相关性。我国自2001年加入WTO以来，通过发展外向型经济大力发展出口，使下游行业极大地融入了全球经济体系。这种依赖出口的发展模式使得国有企业改革首先发生在下游行业，国有经济率先从下游行业中退出，也造就了一批更加开放、竞争程度更高的下游产业。与此形成鲜明对比的是，上游行业因受出口影响较少，改革相对缓慢，从而形成了上游国有经济占比更高的特征。同时，大部分上游行业需要巨大的资本投入，资本的进入门槛相对较高，也进一步导致非国有经济在这些领域布局相对较少。从图6-2-2可以看到，处于上游的煤炭开采和洗选业、黑色金属冶炼及压延加工业中国有经济比重较高，远高于相对处于下游行业的纺织业和电气机械及器材制造业。

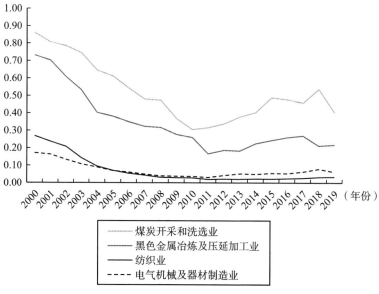

图 6 - 2 - 2　2000~2019 年部分行业国有经济占比变化趋势

6.3　国有企业产业布局作用的实证分析

6.3.1　国有经济产业布局结构调整对产业发展的影响

1. 模型与数据说明

为考察国有经济产业布局调整对产业发展的影响，本报告构建如下的计量模型：

一是考察国有经济产业布局结构调整对产业自身发展的影响，如式（6 - 3 - 1）所示。其中，Y_{it} 代表行业 i 在 t 年的绩效水平，以行业层面的销售利润率衡量。Soe_{it} 为行业 i 在 t 年的国有经济占比，以行业中国家资本金占实收资本比重衡量。

$$Y_{it} = \alpha + \beta_1 Soe_{it} + \beta_2 Soe_{it}^2 + \gamma X_{it} + \varepsilon_{it} \qquad (6-3-1)$$

二是考察国有经济产业上游布局对下游产业的影响，如式（6-3-2）所示。

$$Y_{it} = \alpha + \beta_1 UpSoe_{it} + \beta_2 UpSoe_{it}^2 + \gamma X_{it} + \varepsilon_{it} \qquad (6-3-2)$$

其中，$UpSoe_{it}$ 为行业 i 在 t 年所对应的上游产业中的国有经济占比，参考以往文献，本节根据投入产出表中各产业的关联得到各行业对应的上游国有经济占比（刘灿雷等，2019）。上游国有经济占比根据式（6-3-3）计算得到。

$$UpSoe_{it} = \sum_{j=1}^{n} \tau_{ijt} Soe_{jt} \qquad (6-3-3)$$

式（6-3-3）中，Soe_{jt} 为行业 j 在 t 年份的国有经济比重，用以衡量行业的国有经济占比情况。τ_{ijt} 为 t 年 i 行业总中间投入中 j 行业的直接投入比重。本章根据 2002 年、2007 年、2012 年和 2017 年的投入产出表计算得到上游行业作为中间品在下游行业中总中间投入的占比，未公布投入产出表的年份则使用最近年份的投入产出表进行替代。

X_{it} 为控制变量，引入包括行业层面的资产规模、就业人数、资产负债率等对行业绩效有重要作用的变量。变量具体使用的指标及计算方法如表 6-3-1、表 6-3-2 所示。

表 6-3-1　　　　　　　　　　　　变量定义

变量名	变量含义	指标度量
ROS	销售利润率	利润总额/主营业务收入
Soe	行业国有经济占比	国家资本金/实收资本
UpSoe	上游国有经济占比	式 6-3-3 计算得到
Asset	资产	总资产取对数
Labor	就业人数	平均用工人数取对数
Debt	资产负债率	负债合计/资产总计

表 6 - 3 - 2　　　　　　　　　　描述性统计

变量名	N	mean	sd	min	max
Ros	720	0.0704	0.0540	-0.0876	0.481
Soe	720	0.216	0.215	0.00160	0.952
UpSoe	720	0.172	0.124	0.0132	0.679
Asset	720	8.990	1.263	5.787	12.02
Labor	720	4.984	0.997	2.677	6.815
Debt	720	0.546	0.0775	0.215	0.723

本章所用的数据为 2000~2019 年工业二位数行业的数据，数据主要来源于中国统计年鉴。投入产出表的数据则来自国家统计局官方网站。为保证数据的一致性，将各年份的行业统一至 2011 年的行业分类标准，同时将 2011 年以后出现的汽车制造业并入交通运输设备制造业，2011 年以前的橡胶制造业和塑料制造业合并。考虑到工业行业中部分行业因划分调整等问题导致数据缺失，本章在实证分析时予以剔除。最终形成包括 36 个工业行业共 20 年的面板数据。

2. 国有经济产业布局结构调整对产业自身发展的影响

表 6 - 3 - 3 报告了国有经济产业占比与产业自身销售利润率的回归结果。第一列为国有经济占比的回归结果。从结果来看，第一列的结果在 1% 的水平显著为负，这说明产业中国有经济占比的提高，降低了产业自身销售利润率。这一结果证实了前文的部分分析：国有经济从部分产业退出提高了产业发展质量。控制变量中，资产的系数在 1% 的水平为正，表明行业规模越大其盈利能力也越高。就业人数的系数不显著，这可能是由于就业人数既体现行业规模，也意味着更多的人力成本支出，从而导致其对本产业的绩效影响不显著。行业总体资产负债率在 1% 的水平显著为负，表明负债越高越不利于行业发展。

表6-3-3　　　　　　　　　国有经济占比对产业发展的影响

变量名	(1)	(2)	(3)
	全部年份	year < 2012	year ≥ 2012
	ROS	ROS	ROS
Soe	- 0. 0858 *** (0. 0151)	- 0. 0789 *** (0. 0123)	0. 0065 (0. 0411)
Asset	0. 0245 *** (0. 0065)	0. 0369 *** (0. 0071)	0. 0841 *** (0. 0265)
Labor	0. 0014 (0. 0072)	- 0. 0068 (0. 0063)	- 0. 0541 ** (0. 0274)
Debt	- 0. 1785 *** (0. 0279)	- 0. 1456 *** (0. 0257)	- 0. 3501 *** (0. 1008)
Constant	- 0. 0051 (0. 0440)	- 0. 0843 * (0. 0473)	- 0. 2499 (0. 1791)
Industry	Yes	Yes	Yes
Year	Yes	Yes	Yes
N	720	432	288
R^2	0. 7407	0. 9237	0. 5729

注：***、**、* 分别表示在1%、5%和10%显著性水平上显著，括号内的值为t值，以下表同。

考虑到我国国有经济产业布局经历了调整，在2012年前后发生逆转（大部分产业中国有经济比重都有所提高），进一步分时段对国有经济产业布局调整的作用进行分析。表6-3-3的第二列和第三列报告了以2012年为时间分界点的回归结果。由结果可知，国有经济占比对产业自身销售利润率的作用在2012年前后有所不同，2012年前解释变量系数在1%的水平显著为负，2012年后解释变量不显著。因此，以2012年为时间分界点考察的结果表明，2012年前我国国有经济产业占比的下降促进了产业发展，而2012年后国有经济占比对产业自身发展不具有显著影响。

事实上，我国国有经济产业占比的逐年下降主要发生在 2012 年前，上述结果支持了国有经济从部分行业退出有利于促进产业发展这一结论；2012 年后，国有经济产业占比已经下降到历史低点，之后在各个行业都出现了一定程度的回升，这并没有损害行业的发展。一个合理的解释是，随着改革的不断深化，2012 年后产业中国有经济与非国有经济的效率水平逐渐趋于一致，从而产业中国有经济占比的增加不会导致行业总体绩效的下降。上述结果表明，两个时期国有经济产业布局的调整都在一定程度上促进了产业自身发展。

为考察国有经济产业占比通过何种机制发挥作用，进一步分析国有经济占比对产业自身绩效的中介效应。表 6 - 3 - 4 从生产成本和财务费用两个角度对国有经济占比的作用进行了分析，生产成本以主营业务成本占主营业务收入的比重衡量，财务费用以行业财务费用占主营业务收入的比重衡量。第一列和第二列的结果显示，国有经济占比提高通过提高产业自身生产成本降低产业绩效，这一中介效应占总效应的比例为 49.33%。这表明国有经济从部分行业中退出可以显著降低生产成本，提升产业整体盈利能力。生产成本降低的一个可能解释是：国有经济的退出减少了行业承担的政策性负担。第三列和第四列的结果显示，国有经济占比提高通过提高产业自身财务费用降低产业绩效，这一中介效应占总效应的比例为 34.83%。我国国有企业在资本要素获取上更具优势，也更具投资冲动，因此国有经济产业占比过高往往会提高产业的总体财务费用，从而降低产业绩效。

表 6 - 3 - 4 中介效应分析

变量名	(1)	(2)	(3)	(4)
	Cost	ROS	Finance	ROS
Soe	0.0598 *** (0.0161)	- 0.0435 *** (0.0100)	0.0116 *** (0.0017)	- 0.0559 *** (0.0150)
Cost		- 0.7076 *** (0.0240)		

续表

变量名	(1) Cost	(2) ROS	(3) Finance	(4) ROS
Finance				-2.5878^{***} (0.3425)
控制变量	Yes	Yes	Yes	Yes
Industry	Yes	Yes	Yes	Yes
Year	Yes	Yes	Yes	Yes
N	720	720	720	720
R^2	0.9337	0.8963	0.9093	0.7838
Sobel 检验	Z = -3.682，中介效应显著		Z = -5.1370，中介效应显著	
	中介效应 = -0.0423		中介效应 = -0.2988	
	中介效应占比 = 49.33%		中介效应占比 = 34.83%	

为验证结果的可靠性，进行如下检验。一是内生性检验，采用两步差分 GMM 法对模型进行检验，结果见表 6-3-5 中第一列。由结果可知，国有经济占比的系数仍然在 1% 的水平显著为负。二是替换被解释变量（第二列），用行业总利润的对数值替代行业利润率后，国有经济占比的系数依然在 1% 的水平显著为负。三是异质性检验，根据前文产业上下游的分布结果将产业分为上游和下游两组，结果显示上游产业和下游产业组别中国有经济占比的系数分别在 1% 和 5% 的水平显著为负。上述结果表明，国有经济占比与产业自身绩效的负相关关系具有一定的稳健性。

表 6-3-5　　　　　　　　进一步检验

变量名	(1) 稳健性检验 ROS	(2) Ln_Profit	(3) 异质性检验 上游产业	(4) 下游产业
L. ROS	0.7021^{***} (0.0081)			

续表

变量名	（1）	（2）	（3）	（4）
	稳健性检验		异质性检验	
	ROS	Ln_Profit	上游产业	下游产业
SOE	− 0. 0581 ***	− 1. 0303 ***	− 0. 0935 ***	− 0. 0213 **
	（0. 0013）	（0. 2373）	（0. 0286）	（0. 0107）
控制变量	Yes	Yes	Yes	Yes
Industry	Yes	Yes	Yes	Yes
Year	Yes	Yes	Yes	Yes
N	648	711	380	340
R^2		0. 9277	0. 7783	0. 7743
AR （2）	0. 168			
Hansen	35. 58 （p = 1. 00）			

3. 国有经济产业上游布局对下游产业的影响

表6 - 3 - 6 报告了上游国有经济占比与下游产业绩效的基准回归结果。第一列和第二列为上游国有经济占比线性作用的回归结果，第三列和第四列考察国有经济占比的非线性作用。其中第一列和第三列未考虑时间固定效应，第二列和第四列加入时间固定效应。第一列的结果显示，上游国有经济占比的系数在1%的水平显著为正，加入时间固定效应后结果依然显著为正。这表明上游国有经济占比提高对下游产业绩效具有显著的促进作用。第三列和第四列中加入了上游国有经济占比的平方项后，上游国有经济占比与下游产业绩效存在显著的倒"U"形关系。从第四列的回归系数可以看到，最优的上游国有经济占比在80.13%处取得。而上游国有经济占比的最大值只有67.89%，远低于最优值水平。表明上游国有经济占比始终位于倒"U"形曲线的左侧，上游国有经济占比对下游行业只发挥正向作用。上述结果表明，上游国有经济占比与下游产业的绩效存在显著正相关关系，验证了国有经济产业上游布局有利于下游企业发展的观点。

表 6 – 3 – 6　　上游国有经济占比与下游产业绩效的基准回归结果

变量名	（1）	（2）	（3）	（4）
	ROS	ROS	ROS	ROS
UpSoe	0. 1746 *** （0. 0248）	0. 2157 *** （0. 0284）	0. 2645 *** （0. 0560）	0. 3548 *** （0. 0627）
UpSoe^2			− 0. 1541 * （0. 0861）	− 0. 2214 ** （0. 0891）
Soe	− 0. 1399 *** （0. 0131）	− 0. 1092 *** （0. 0148）	− 0. 1395 *** （0. 0131）	− 0. 1076 *** （0. 0148）
Asset	0. 0003 （0. 0020）	0. 0173 *** （0. 0063）	0. 0013 （0. 0021）	0. 0155 ** （0. 0063）
Labor	0. 0156 *** （0. 0056）	0. 0022 （0. 0069）	0. 0179 *** （0. 0057）	0. 0059 （0. 0071）
Debt	− 0. 1814 *** （0. 0265）	− 0. 2287 *** （0. 0276）	− 0. 1919 *** （0. 0271）	− 0. 2428 *** （0. 0280）
Constant	0. 0888 *** （0. 0301）	0. 0221 （0. 0424）	0. 0655 ** （0. 0327）	0. 0079 （0. 0426）
Industry	Yes	Yes	Yes	Yes
Year	No	Yes	No	Yes
N	720	720	720	720
R^2	0. 7442	0. 7615	0. 7454	0. 7637

表 6 – 3 – 7 进一步以 2012 年为分界点考察不同发展阶段国有经济上游占比的影响。第一列的结果显示，2012 年以前国有经济产业上游布局与下游产业绩效存在倒 "U" 形关系，且最优的上游国有经济占比在 58. 33% 处取得。第二列的结果显示，2012 年之后国有经济产业上游布局与下游产业绩效依然存在倒 "U" 形关系，最优的上游国有经济占比在 28. 57% 处取得。2012 年之后上游国有经济占比与最优比重间的差距越来越小，表明我国国有经济产业布局不断优化。

表 6 – 3 – 7　　　　不同时期上游国有经济占比与下游产业绩效的回归结果

变量名	(1)	(2)
	year < 2012	year ≥ 2012
	ROS	ROS
UpSoe	0. 3627 *** (0. 0588)	0. 2961 ** (0. 1361)
UpSoe^2	– 0. 3109 *** (0. 0772)	– 0. 5182 ** (0. 2147)
控制变量	Yes	Yes
Industry	Yes	Yes
Year	Yes	Yes
N	432	288
R^2	0. 9320	0. 5833

　　为考察国有经济产业上游布局如何发挥作用，进一步分析上游国有经济占比对下游产业绩效的中介效应。表 6 – 3 – 8 汇报了中介效应的回归结果。其中，第一列和第二列为以生产成本为中介变量的回归结果，生产成本以主营业务成本占主营业务收入的比重衡量。第一列的结果显示，上游国有经济占比的系数在 1% 的水平显著为负，表明提高上游国有经济占比可以显著降低下游产业的生产成本；第二列的结果进一步显示下游产业生产成本的系数在 1% 的水平显著为负，表明下游产业生产成本的降低提高了下游行业整体绩效。Sobel 检验的结果显示存在以主营业务成本为中介变量的中介效应，其占总效应的比例为 37. 28%。这一结果为前文所述的国有经济上游布局通过给下游产业提供相对廉价的中间品从而降低下游企业生产成本，进而促进下游产业发展提供了证据支持。第三列和第四列为以财务费用为中介变量的回归结果，财务费用以行业财务费用占主营业务收入的比重衡量。第三列的结果显示上游国有经济占比的系数不显著，第四列的结果显示财务成本的系数在 1% 的水平显著为负。Sobel 检验的结果显示不存在中

介效应，这表明，上游国有经济占比的变化不会通过影响下游产业的
财务成本进而影响下游行业绩效。

表 6 - 3 - 8 　　　　　　　　　中介效应分析

变量名	（1）	（2）	（3）	（4）
	Cost	ROS	Finance	ROS
UpSoe	− 0. 1177 *** （0. 0313）	0. 1353 *** （0. 0190）	0. 0031 （0. 0032）	0. 2241 *** （0. 0271）
Cost		− 0. 6835 *** （0. 0234）		
Finance				− 2. 6896 *** （0. 3265）
控制变量	Yes	Yes	Yes	Yes
Industry	Yes	Yes	Yes	Yes
Year	Yes	Yes	Yes	Yes
N	720	720	720	720
R^2	0. 9351	0. 8963	0. 9094	0. 7838
Sobel 检验	Z = 3. 733 > 0. 97，中介效应显著		Z = 0. 97，中介效应不显著	
	中介效应 = 0. 0804			
	中介效应占比 = 37. 28%			

　　为验证结果的可靠性，对结果进行如下检验。一是采用两步差分
GMM 法对模型进行内生性检验，表 6 - 3 - 9 中第一列的结果显示上游
国有经济占比的系数仍然在 1% 的水平显著为正，第二列结果显示上游
国有经济占比与下游产业绩效仍存在倒 "U" 形关系。最优的上游国有
经济占比在 99. 22% 处取得，上游国有经济占比仍以发挥促进作用为
主。二是替换被解释变量，用行业总利润的对数值替代行业利润率后，
国有经济占比的系数依然在 1% 的水平显著为正，且倒 "U" 形关系仍
成立。最优的上游国有经济占比在 90. 09% 处取得，上游国有经济占比

只发挥促进作用。

表 6 – 3 – 9 进一步检验

变量名	(1)	(2)	(3)	(4)
	二步差分 GMM		替换被解释变量	
	ROS	ROS	Ln_Profit	Ln_Profit
L. ROS	0.7163 *** (0.0119)	0.7106 *** (0.0111)		
UpSoe	0.0337 *** (0.0070)	0.0643 *** (0.0148)	2.1351 *** (0.4527)	6.6611 *** (0.9836)
UpSoe^2		−0.0324 * (0.0191)		−7.3935 *** (1.4337)
控制变量	Yes	Yes	Yes	Yes
Industry	Yes	Yes	Yes	Yes
Year	Yes	Yes	Yes	Yes
N	648	648	711	711
R^2			0.9301	0.9329
AR (2)	0.149	0.150		
Hansen	35.47 (p=1.00)	35.02 (p=1.00)		

进一步进行异质性检验，将产业分为上游和下游两组后分别回归，表 6 – 3 – 10 中第一列结果显示上游产业中上游国有经济占比的系数仍在 1% 的水平显著为正，第二列结果显示上游产业中上游国有经济占比与下游产业绩效的倒 "U" 形关系依然显著，且最优的上游国有经济占比在 60.38% 处取得。第三列结果显示下游产业中下游国有经济占比的系数在 1% 的水平显著为负，第四列结果则显示下游产业中上游国有经济占比与下游产业绩效不存在倒 "U" 形关系。

表 6 – 3 – 10 　　　　　　　　　　异质性检验结果

变量名	(1)	(2)	(3)	(4)
	上游行业		下游行业	
	ROS	ROS	ROS	ROS
UpSoe	0. 2844 *** (0. 0531)	0. 6398 *** (0. 1150)	0. 1468 *** (0. 0201)	0. 1301 *** (0. 0446)
$UpSoe^2$		– 0. 5298 *** (0. 1527)		0. 0283 (0. 0674)
控制变量	Yes	Yes	Yes	Yes
Industry	Yes	Yes	Yes	Yes
Year	Yes	Yes	Yes	Yes
N	380	380	340	340
R^2	0. 7957	0. 8028	0. 8086	0. 8087

综上所述，国有经济产业上游布局对上游产业自身发展有一定的负面作用，但这一效果在 2012 年后变得不显著；同时，国有经济向上游产业集中有助于提高下游产业的绩效水平，这一效果通过降低下游产业的生产成本达成。上游国有经济占比与下游产业绩效的关系在经过稳健性检验后依然成立，结果具有一定的可靠性。

6.3.2　国有经济产业布局结构调整对企业发展的影响

1. 模型与数据说明

为考察国有经济产业布局调整对企业的影响，进一步使用 2000 ~ 2013 年的工业企业数据库数据进行分析。数据处理参考勃兰特等（Brandt et al. , 2011）和余淼杰等（2018）的方法，剔除员工数量小于 8 人、资本金和资产总额等重要财务指标为负的异常样本的企业。在行业处理上，将各年份两位数行业代码统一按 2011 年的国民经济行业分类标准加以调整。考虑到部分行业样本数量过少的问题，进一步剔除开采辅助活动、其他采矿业、废弃资源综合利用业和金属制品、机械和设备修理业 4 个行业的企业样本。表 6 - 3 - 11 为变量定义。

表 6 - 3 - 11 　　　　　　　　　　**变量定义**

变量名	变量含义	指标度量
Ros	销售利润率	利润总额/工业销售产值
Soe	行业国有经济占比	国家资本金/实收资本
UpSoe	上游国有经济占比	式 6 - 3 - 3 计算得到
Asset	资产总额	资产总额取对数
Labor	就业人数	员工人数取对数
Debt	资产负债率	负债合计/资产总计
Finance	财务费用	财务费用/工业销售产值
Export	出口占比	出口交货值/工业总产值

变量选择基本与前文一致。其中，被解释变量为企业销售利润率，以企业利润总额与工业销售产值之比衡量。核心解释变量包括企业所处行业的国有经济占比及企业所处行业对应的上游国有经济占比。控制变量包括企业资产总额、资产负债率、员工数量、财务费用率和出口占比。同时，在机制分析部分引入生产成本和创新水平两个变量。此外，为消除异常值对实证结果的影响，对主要变量进行上下各 1% 的缩尾处理。表 6 - 3 - 12 为各变量的描述性统计结果。

表 6 - 3 - 12 　　　　　　　　　　**描述性统计**

变量名	N	mean	sd	min	max
Ros	3259306	0.0393	0.0785	-0.418	0.357
Soe	3351880	0.135	0.140	0.00160	0.952
UpSoe	3351880	0.165	0.170	0.00250	1.314
Asset	3284782	10.06	1.377	7.166	14.35
Labor	3249027	4.914	1.021	2.565	7.824

变量名	N	mean	sd	min	max
Debt	3282288	0.547	0.273	0.00910	1.353
Finance	3247112	0.0123	0.0204	−0.0102	0.162
Export	2925638	0.149	0.314	0	1.010

2. 国有经济产业布局结构调整对产业内企业的影响

表6-3-13报告了国有经济产业占比与产业内企业销售利润率的回归结果。第一列和第二列为线性回归的结果，第三列和第四列加入国有经济产业占比的平方项以考察其是否存在非线性作用。结果显示，第一列和第二列中解释变量均在1%的水平显著为负，表明国有经济产业占比对产业内企业利润率具有显著的抑制作用，这与行业层面的实证结果相同。第三列和第四列的结果显示，国有经济产业占比与产业内企业利润率呈倒"U"形的非线性关系。这一结果与前文行业只存在负相关关系的结果略有不同。进一步地，由第四列可知，最佳的国有经济占比为13.17%，接近国有经济占比的均值14%，说明当前我国大部分行业国有经济占比已经接近最佳状态。

表6-3-13　　　　　　国有经济占比对企业绩效的影响

变量名	(1)	(2)	(3)	(4)
	Ros	Ros	Ros	Ros
Soe	−0.0322 *** (0.0009)	−0.0247 *** (0.0009)	0.0084 *** (0.0016)	0.0168 *** (0.0017)
Soe^2			−0.0613 *** (0.0019)	−0.0638 *** (0.0021)
Asset		0.0143 *** (0.0001)		0.0143 *** (0.0001)
Labor		0.0026 *** (0.0001)		0.0026 *** (0.0001)

变量名	(1)	(2)	(3)	(4)
	Ros	Ros	Ros	Ros
Debt		-0.0411^{***} (0.0002)		-0.0412^{***} (0.0002)
Finance		-0.5392^{***} (0.0028)		-0.5373^{***} (0.0028)
Export		-0.0014^{***} (0.0003)		-0.0014^{***} (0.0003)
Firm	Yes	Yes	Yes	Yes
Year	Yes	Yes	Yes	Yes
N	3259306	2666508	3259306	2666508
R^2	0.5590	0.5908	0.5592	0.5910

从控制变量的结果来看，资产总额和就业人数与企业绩效有显著的正相关关系，资产负债率和财务费用与企业绩效有显著的负相关关系，表明规模越大的企业盈利能力越强，杠杆率越高的企业绩效越差。需要指出的是，出口占比的系数在1%水平显著为负，出口越高企业绩效反而越差。这可能是因为我国出口企业主要以加工贸易和劳动密集型产业为主，存在"生产率悖论"现象（李春顶和尹翔硕，2009），从而导致出口越多绩效反而越差。

为验证结果的稳健性，对结果进行如下检验（见表6-3-14）：一是替换被解释变量，用企业增加值的自然对数值替代企业销售利润率考察行业国有经济比重对企业盈利能力的影响，结果显示国有经济产业占比对产业内企业盈利能力有显著负面影响，加入二次项后，国有经济产业占比与企业能力依然存在显著的倒"U"形关系。二是进一步排除企业所处地区的影响，通过引入地区和地区与年份的交乘项控制企业所处地区及其随时间变化的持续性影响，结果显示国有经济产业占比对企业绩效的影响与基准回归的结果一致。

表 6 - 3 - 14　　　　　　　　　　　稳健性检验

变量名	(1)	(2)	(3)	(4)
	替换被解释变量		控制地区效应	
Soe	-0.3424 *** (0.0226)	0.4774 *** (0.0406)	-0.0222 *** (0.0016)	0.0148 *** (0.0029)
Soe^2		-1.1347 *** (0.0491)		-0.0579 *** (0.0045)
控制变量	Yes	Yes	Yes	Yes
Firm	Yes	Yes	Yes	Yes
Year	Yes	Yes	Yes	Yes
Province	No	No	Yes	Yes
Province × Year	No	No	Yes	Yes
Observations	1347943	1347943	2666508	2666508
R - squared	0.8589	0.8592	0.5949	0.5950

　　考虑到不同地区经济发展的基础条件和水平存在巨大差异，进一步将地区按东中西分组进行回归，表 6 - 3 - 15 报告了按区域分组的回归结果。由第一列和第二列结果可知，东部和中部地区国有经济产业占比与企业绩效均有显著的倒"U"形关系，最优国有经济占比分别为 14.41% 和 20.65%，东部地区国有经济占比均值更加接近最优国有经济比重，表明东部地区国有经济产业布局更加合理。第三列结果显示，国有经济占比的一次项和二次项都在 1% 的水平显著为负，与企业绩效不存在倒"U"形关系，第四列的结果进一步表明西部地区国有经济占比与企业绩效存在显著负相关关系。这一结果可能与西部地区资源禀赋有关。西部地区以资源型产业为主，国有经济在这些产业中占比较高，且这些产业改革进程相对缓慢，过高的国有经济占比对企业绩效形成压制。

表 6 – 3 – 15 不同区域国有经济占比对企业绩效的影响

变量名	(1)	(2)	(3)	(3)
	东部	中部	西部	西部
Soe	0.0132 *** (0.0019)	0.0290 *** (0.0042)	– 0.0244 *** (0.0063)	– 0.0563 *** (0.0034)
Soe^2	– 0.0458 *** (0.0028)	– 0.0702 *** (0.0044)	– 0.0382 *** (0.0064)	
控制变量	Yes	Yes	Yes	Yes
Firm	Yes	Yes	Yes	Yes
Year	Yes	Yes	Yes	Yes
N	1980802	438222	247484	247484
R^2	0.5763	0.6332	0.5992	0.5991

此外，不同所有制性质的企业受国有经济产业布局的影响也有所区别。表 6 – 3 – 16 汇报了国有经济产业占比对不同所有制企业绩效的影响。结合第一列和第二列的结果可知，国有经济产业占比对国有企业绩效具有显著的抑制效果。从产业中国有经济占比变化的原因来看，国有经济产业占比的降低往往意味着一些国有企业从产业中退出，最先退出的国有企业显然是那些经营不佳、缺乏市场竞争力的企业。随着国有经济产业占比的降低，留在产业中的国有企业可能更多地接收了退出企业的市场份额，从而随着国有经济占比的降低，国有企业的绩效反而进一步提高。第三列和第四列结果显示，民营企业和外资企业的绩效与国有经济占比存在倒"U"形关系，最优国有经济占比分别为 19.07% 和 29.11%。随着国有经济占比的降低，国有经济产业布局调整带来的市场空间不仅推动了仍留在行业中的国有企业的发展，也使民营企业和外资企业同样受益。当国有经济占比下降到一定水平后，国有经济产业布局的调整更偏向于集中资源给行业内的国有企业，导致行业内国有企业竞争力提高，并挤占了部分民营企业和外资企业的市场份额，从而使国有经济产业占比与民营企业和外资企业的绩效呈

现倒"U"形关系。

表 6 - 3 - 16　　国有经济占比对不同所有制企业绩效的影响

变量名	(1)	(2)	(3)	(4)
	国有企业	国有企业	民营企业	外资企业
Soe	- 0. 0471 *** (0. 0019)	- 0. 0039 (0. 0032)	0. 0225 *** (0. 0022)	0. 0280 *** (0. 0065)
Soe^2		- 0. 0585 *** (0. 0035)	- 0. 0590 *** (0. 0029)	- 0. 0481 *** (0. 0116)
控制变量	Yes	Yes	Yes	Yes
Firm	Yes	Yes	Yes	Yes
Year	Yes	Yes	Yes	Yes
N	1147300	1147300	1165716	353492
R^2	0. 6935	0. 6937	0. 6747	0. 6183

3. 国有经济产业上游布局对下游企业的影响

表 6 - 3 - 17 报告了上游国有经济占比对下游企业绩效的影响。从结果来看，第一列的结果显示解释变量的系数在 1% 的水平显著为正，说明提高上游国有经济占比有助于下游企业绩效的改善。这一结果证实了前文的分析，即国有经济上游布局推动了下游企业的发展。需要说明的是，解释变量与被解释变量间并不存在显著的非线性关系，这与国有经济产业占比对行业内企业的回归结果不同。第二列至第四列是分地区的回归结果。结果显示，解释变量均在 1% 的水平显著为正，表明提高上游国有经济占比对东、中、西部地区企业绩效都有显著促进作用，并不存在明显的差异。控制变量中，除出口占比存在显著区域差异外，其余控制变量的回归结果与前文相同。

表 6 - 3 - 17 　　　　　上游国有经济占比对下游企业绩效的影响

变量名	(1) 全样本	(2) 东部	(3) 中部	(4) 西部
UpSoe	0.0139 *** (0.0007)	0.0137 *** (0.0009)	0.0116 *** (0.0018)	0.0145 *** (0.0026)
Asset	0.0143 *** (0.0001)	0.0144 *** (0.0001)	0.0124 *** (0.0002)	0.0147 *** (0.0004)
Labor	0.0026 *** (0.0001)	0.0025 *** (0.0001)	0.0026 *** (0.0002)	0.0052 *** (0.0004)
Debt	- 0.0411 *** (0.0002)	- 0.0411 *** (0.0003)	- 0.0365 *** (0.0006)	- 0.0486 *** (0.0009)
Finance	- 0.5402 *** (0.0028)	- 0.5582 *** (0.0033)	- 0.3983 *** (0.0068)	- 0.5888 *** (0.0094)
Export	- 0.0014 *** (0.0003)	- 0.0019 *** (0.0003)	0.0009 (0.0011)	0.0089 *** (0.0021)
Firm	Yes	Yes	Yes	Yes
Year	Yes	Yes	Yes	Yes
N	2666508	1980802	438222	247484
R^2	0.5909	0.5763	0.6329	0.5992

　　进一步考察结果的稳健性，结果如表 6 - 3 - 18 所示。一是替换被解释变量，用企业销售利润的自然对数值替代企业销售利润率考察行业国有经济比重对企业盈利能力的影响，结果显示上游国有经济产业占比对下游企业盈利能力有显著负面影响。二是进一步排除企业所处地区的影响，通过引入地区和地区与年份的交乘项控制企业所处地区及其随时间变化的持续性影响，结果显示上游国有经济产业占比对下游企业绩效的影响依然具有显著促进作用，与基准回归的结果一致。

表 6 - 3 - 18　　　　　　　　　稳健性检验

变量名	（1）	（2）	（3）	（4）
	替换被解释变量		控制地区效应	
UpSoe	0. 0949 ***	0. 0423 ***	0. 0057 ***	0. 0131 ***
	（0. 0542）	（0. 0609）	（0. 0013）	（0. 0013）
控制变量	No	Yes	No	Yes
Firm	Yes	Yes	Yes	Yes
Year	Yes	Yes	Yes	Yes
Province	No	No	Yes	Yes
Province × Year	No	No	Yes	Yes
Observations	458765	410007	3259306	2666508
R - squared	0. 8439	0. 8417	0. 5641	0. 5950

表 6 - 3 - 19 汇报了企业性质、行业性质和出口等因素对国有经济产业上游布局的调节效应。第一列和第二列汇报了企业性质的回归结果，第一列为不引入控制变量的回归结果，第二列为引入控制变量后的结果。为分析不同企业性质的作用，本书将企业分为国有企业、民营企业和外资企业三类，以外资企业为参照组进行分析。结果显示，民营企业变量的回归系数不显著，表明民营企业与外资企业间绩效不存在显著差异；国有企业变量在 1% 的水平显著为负，表明国有企业的绩效显著差于外资企业。调节效用上，民营企业与上游国有经济占比的交互项和国有企业与上游国有经济占比的交互项在 1% 的水平显著为负，二者系数大小接近。这一结果表明相比于外资企业，上游国有经济占比提升对国有企业和民营企业绩效的促进作用要更小。

表 6 - 3 - 19　　企业性质、行业性质和出口的调节效应分析

变量名	（1）	（2）	（3）	（4）	（5）	（6）
	企业性质		是否出口		是否垄断行业	
UpSoe	0. 0277 ***	0. 0228 ***	0. 0067 ***	0. 0125 ***	0. 0103 ***	0. 0133 ***
	（0. 0012）	（0. 0012）	（0. 0008）	（0. 0008）	（0. 0007）	（0. 0007）

变量名	(1)	(2)	(3)	(4)	(5)	(6)
	企业性质		是否出口		是否垄断行业	
POE (Foreign = 0)	0.0002 (0.0002)	−0.0000 (0.0003)				
SOE (Foreign = 0)	−0.0013 *** (0.0003)	−0.0012 *** (0.0003)				
UpSoe × POE	−0.0204 *** (0.0011)	−0.0101 *** (0.0011)				
UpSoe × SOE	−0.0182 *** (0.0011)	−0.0110 *** (0.0011)				
Exp (Export > 0 取 1)			−0.0014 *** (0.0002)	−0.0018 *** (0.0002)		
UpSoe × Exp			0.0144 *** (0.0009)	0.0061 *** (0.0009)		
Mono (垄断为 1)					0.0051 *** (0.0004)	0.0074 *** (0.0004)
UpSoe × Mono					−0.0130 *** (0.0010)	−0.0233 *** (0.0011)
控制变量	No	Yes	No	Yes	No	Yes
Firm	Yes	Yes	Yes	Yes	Yes	Yes
Year	Yes	Yes	Yes	Yes	Yes	Yes
N	3259304	2666508	2894391	2693549	3259306	2704012
R^2	0.5592	0.5909	0.5604	0.5890	0.5591	0.5848

第三列和第四列汇报了出口调节效应的回归结果。我们将企业样本根据是否具有出口行为进行划分，以考察出口行为对国有经济上游布局作用发挥有何影响。结果显示，企业是否出口的系数在1%的水平显著为负，与全样本的回归结果相同。出口与上游国有经济占比的交互项系数在1%的水平显著为正，表明与没有出口行为的企业相比，上

游国有经济占比对具有出口行为企业的绩效具有更强的促进作用。这一结果验证了前文的结论，即国有经济上游布局有助于推动产业链上下游协同发展，增强下游企业的全球竞争力。

第五列和第六列汇报了行业性质的回归结果。根据工业企业数据库全样本企业数据可以计算得到赫芬达尔指数，我们根据企业所处行业的赫芬达尔指数是否大于全部行业该指数的均值将行业分为垄断性行业和竞争性行业。根据结果可知，垄断性行业的系数在1%的水平显著为正，说明行业垄断可以提高企业的绩效，行业内企业均会受益于垄断高价带来的利润提升。垄断性行业与上游国有经济占比的交互项在1%的水平显著为负，说明与竞争性行业相比，上游国有经济占比对垄断性行业中企业的绩效造成负面影响。这可能是因为随着上游国有经济占比的提高，下游行业总体供给增加，这会加剧下游行业的竞争，从而减弱下游垄断性行业的垄断地位。

为分析国有经济产业上游布局对下游企业发挥作用的机制，进一步从下游企业创新和财务成本两方面进行考察上游国有经济占比的中介效应，表6-3-20报告了中介效应的回归结果。其中，企业创新以企业新产品产值占总产值的比重衡量，财务成本为企业的财务费用指标。第一列和第二列为企业创新的中介效应回归结果。结果显示，第一列中解释变量的系数在1%的水平显著为正，而企业创新在1%的水平显著促进了企业绩效，说明上游国有经济占比可以通过促进下游企业创新提高下游企业绩效，这一中介效应占总效应的比例为1.6%。第三列和第四列为生产成本的中介效应回归结果。第三列中上游国有经济占比的系数在1%的水平为正，说明提高上游国有经济占比会增加下游企业的财务费用，国有经济上游布局会提高下游企业的融资成本，从而对下游企业发展造成不利影响。Sobel检验的结果显示通过财务成本的中介效应表现为遮掩效应，其占总效应的比例为15.06%。

表 6 – 3 – 20 　　　　　　　　　　　中介效应分析

变量名	(1)	(2)	(3)	(4)
	Inno	Ros	Finance	Ros
UpSoe	0.0119 *** (0.0011)	0.0139 *** (0.0010)	0.0056 *** (0.0002)	0.0177 *** (0.0009)
Inno		0.0191 *** (0.0006)		
Finance				−0.4154 *** (0.0023)
控制变量	Yes	Yes	Yes	Yes
Industry	Yes	Yes	Yes	Yes
Year	Yes	Yes	Yes	Yes
N	1960041	1960041	2666508	2666508
R^2	0.0390	0.1164	0.1162	0.1216
Sobel 检验	Z = 9.356，中介效应		Z = −24.18，遮掩效应	
	中介效应 = 0.0002		遮掩效应 = −0.0023	
	中介效应占比 = 1.60%		遮掩效应占比 = −15.06%	

第 7 章

国有经济布局优化和结构
调整的相应政策建议

国有经济的布局优化和结构调整事关我国现代化经济体系建设和经济高质量发展。本书立足于构建双循环新发展格局的重要战略机遇期，以国有企业和国有资本作为国有经济的主要表现形式，从国有经济的空间布局和产业布局入手，采用定量和定性的方法深入剖析国有经济布局优化和结构调整的现实意义、历史逻辑、演变趋势、调整成效。研究发现，经过对国有企业和国有资本的持续调整，国有经济的空间布局和产业结构优化效果明显，但仍存在空间布局非均衡性明显、产业布局不协调问题突出、总体布局调整趋于停滞、效率与规模不匹配、战略性新兴产业发展趋同性明显、实体经济与虚拟经济发展失衡、初级产品保障能力欠缺等问题。针对以上问题，本书提出如下政策建议。

7.1 强化顶层设计，推动国有经济
更好服务国家发展需要

随着我国进入全面建成社会主义现代化国家的新征程，国有经济作为国民经济的支柱力量，需要在贯彻新发展理念、构建新发展格局、推动经济高质量发展中发挥更大作用，国有经济布局优化和结构调整不仅要服务于国有经济自身的高质量发展，更要服务于整个国民经济

的高质量发展，在做强做优做大国有经济的基础上更好地发挥国有经济的功能定位和使命要求。因此，必须加强顶层设计，明确国有经济布局优化和结构调整的目标及原则。一方面，要做好国有经济布局优化和结构调整与国资国企改革的协调推进，结合国有企业的功能定位，分类推进不同领域的国有企业改革，发挥好国有企业在提供公共服务、推动经济高质量发展和维护国家安全等领域的保障作用。另一方面，要推动国有经济与非国有经济的共同发展，围绕夯实基本经济制度，更好发挥国有经济的引领和带动作用，推动公有制经济与非公有制经济协同发展、相互促进。推动国有经济布局优化和结构调整，既要对经济社会发展进行长远考量，也要兼顾短期发展面临的突出问题而精准施策。此外，还应进一步完善制度体系，在发挥市场对资源配置决定性作用的同时，提高国家治理水平，更好地发挥政府作用，同时进一步完善竞争中性制度建设，推动政企分开，实现国有经济与市场经济的深度融合。

7.2 统筹存量资产与增量资本的布局优化和结构调整，推动国有经济高质量发展

随着我国经济不断发展，国有资产存量规模不断壮大。存量国有资产中，既有部分国有资产存在低效、无效问题，也有部分国有资产面临产业转型升级的压力，无法适应新时代高质量发展的要求。同时，增量国有资产还面临着投资效率不高、资产收益过低的问题。因此，必须要统筹好存量国有资产与增量国有资本的布局优化和结构调整，推动国有经济高质量发展。一是要以市场化手段推动存量国有资产盘活。一方面，通过积极推进混合所有制改革和国企股权多元化促进国有企业现代企业制度的建立和完善，充分发挥市场机制在国有经济运行中的作用，构建完善国有企业的市场化经营机制，从企业治理层面推动国有经济运行效率的提高。另一方面，以国有资产的资本化证券

化促进存量国有资产的自由流动。资本合理流动、自由流动是发挥市场决定性作用、优化资源配置的前提条件。长期以来，由于体制机制的制约，国有资本证券化水平低，存量国有资产流动性差，限制了国有资本的动态流动和布局优化。优化国有经济布局必须从体制机制上消除国有资本流动的障碍和制约，大幅提升国有资本证券化水平，建立优胜劣汰的国有资本市场化运营机制，推动国有资本的市场化进入和退出。二是发挥增量国有资本的引导带动作用。一方面，加大增量国有资本对国家重大战略、国计民生和国家安全领域的投入力度，推动国有资本更好服务国家发展需要。另一方面，推动建立市场化的国有资本投入机制，通过设立产业投资基金等方式加强国有资本与民间资本的合作，提高国有资本的投资效率。三是加强存量资产和增量资产布局的统筹协调。一方面，以增量国有资产布局推动存量国有资产的优化调整。增量国有资本投入要服务于存量国有资产的产业转型升级，尤其要在支持存量国有资产技术改造、数字化转型和绿色转型等方面加大投入，以增量投资赋能存量资产，推动国有经济高质量发展。另一方面，促进增量国有资本与存量国有资产的产业链互补，既要发挥存量资产对战略性新兴产业等增量国有资本投入的支撑作用，也要围绕优质存量国有资产做好产业链上下游的布局优化，形成存量资产与增量资本的良性互动。

7.3　优化国有经济空间布局，促进区域均衡协调发展

改革开放以来，为发挥市场机制在国民经济中的作用，我国通过兼并重组、布局优化等一系列措施，对国有经济的空间布局进行了一系列调整，实现了国有经济在地区间较为均匀的分布，截至 2019 年，国有企业数量在东部地区的占比为 46.9%，在中西部地区的占比为 49.8%。但值得注意的是，从数量上看国有经济的空间布局虽日益改

善，但从质量上看，国有经济布局在空间上仍呈现出"两边强中间弱"的分布特征，2019年国有资产总量在东部、中部、西部和东北地区的占比分别为54.2%、14.0%、28.4%、3.4%。西部地区较其他地区明显资产集中度更低，平均企业规模更小，其为引入国有经济付出高环境代价，但却未得到高资本形成比。随着中国步入"上中等收入"国家行列，以及面临资源环境约束、人口红利消失和外部需求不景气等复杂国内外环境，过去依靠资源和要素投入的粗放经济增长模式已难以为继，区域发展不平衡问题已经成为制约我国经济高质量发展的重要阻力。

国有经济作为国民经济的主导力量，对于促进区域均衡协调发展具有重要作用。新时代背景下，优化国有经济空间布局，不仅是现阶段我国促进区域均衡协调发展、解决我国社会主要矛盾的需要，也是构建新发展格局、实现共同富裕的根本要求。一是要推动国有经济更好构筑区域发展基础条件。优化国有经济在传统基础设施、新基建等关键领域的布局结构，降低区域间生产要素流通壁垒和交易成本，为生产要素自由流动创造条件，缩小东、中、西和东北地区间的经济发展差距。二是加强区域间国有经济合作。一方面，积极发挥中央企业跨区域资源整合能力，落实落深央地合作，促进中央和地方国有企业协同发展，建立中央企业与地方企业合作的长效机制，尤其要加强中央企业在中西部地区的投资布局，依托央地合作促进区域经济高质量发展；另一方面，加强地方国有企业间合作，推动不同区域的地方国有经济根据区域资源禀赋、产业链上下游特点加强合作，促进东、中、西部间产业转移和产业承接的高效对接和合理布局，降低区域间同质化竞争，推动区域协同发展。三是优化区域内国有经济布局。推动中央企业、省级国有企业、市级国有企业加大对县域经济发展支持，加快补齐县域发展短板，改善县域发展环境，以国有经济布局优化为纽带推动大中小城市和小城镇协调发展。四是继续推动国有企业"走出去"。加大国有企业对"一带一路"沿线国家和地区重点布局，积极开展技术、资源和产能合作等，同时进一步完善海外国有资产监管体系，提升监管力度。

7.4　调整国有经济产业布局，提升产业链现代化水平

目前，国有经济在国民经济行业 95 个大类中基本都有分布，分布范围依然过宽。国有资本分布过于分散不仅不利于国有企业规模经济的发挥，降低国有经济的战略支撑作用，还可能诱发地方政府对国有企业的保护行为，造成条块分割问题，不利于我国社会主义市场经济体制的完善。推动国有经济布局优化和结构调整的核心目的是要增强并发挥国有经济战略支撑作用，进而增强经济活力和发展内生动力。加强国有经济战略支撑作用，不仅要求国有经济在关系国家安全、国民经济命脉和国计民生的重要行业和关键领域为经济社会发展提供基本公共服务品，也要求国有经济提升产业链、供应链支撑和带动能力，促进各类所有制经济的共同发展。

加强国有经济战略支撑作用，需要在以下三方面推动国有经济布局优化和结构调整。一是进一步明确国有经济产业布局范围，加强国有经济战略支撑作用。建立正面清单鼓励国有经济向关系国家安全、国民经济命脉和国计民生的重要行业和关键领域集中，同时以建立负面清单的方式限制国有经济盲目扩张，实现国有经济在产业间的进退有序。在确定国有经济布局范围时，既要结合国家区域发展战略和地方经济发展规划，充分发挥国有经济在促进生产力发展中的作用，也要注重国有经济自身发展优势，确定产业链核心关键环节作为国有经济的主要布局方向。此外，还应结合产业发展趋势，对于那些市场化发展水平逐渐提升、国有经济布局优势减弱的行业，国有经济应逐步退出。二是加快国有企业"两非""两资"清理。强有力的主业是国有企业发挥战略支撑力的基础，加快"两非""两资"清理力度，能够为国有企业做强做优做大主业提供资金支持，提高国有企业主业竞

争力。一方面，"两非""两资"清理要结合剥离国有企业办社会职能和解决历史遗留问题，促进国有企业市场主体地位的落实。另一方面，国有企业在推进"两非""两资"清理的同时，要同步进行人事编制上的缩减，避免清理后企业冗员，无法发挥清理效果。结合国有企业"三项制度"改革，进一步精简压缩国有企业法人和机构设置，将企业管理层级控制在 5 级以内。此外，要严控国有企业新增投资，尤其是房地产、金融等重点领域的投资，推动国有企业服务实体经济。三是加强国有经济的专业化整合。一方面，积极推动重要行业和关键领域中的国有企业进行横向整合，避免国有企业的重复投资和同质竞争，提高国有经济的总体竞争力。另一方面，加大国有资本对产业链上下游关键环节的纵向整合力度，加大对前瞻性战略性新兴产业、产业链关键领域核心技术环节的投入力度，补齐产业链供应链短板，实现产业链的自主可控、安全高效，同时带动产业链上下游企业大中小企业融通发展。四是推动国有经济向产业链中高端跃进。一方面，积极发挥国有企业创新主体地位，加大国有资本向产业链关键核心技术的投入力度，补齐产业链短板，培育国有企业成为现代产业链"链长"，依托"链长"推动国有企业与其他所有制企业实现大中小企业融通发展。另一方面，推动国有企业数字化转型，依托数字化手段推动传统产业转型升级，并引导国有经济从不具竞争优势的产业链低端退出。此外，进一步引导国有经济脱虚向实，在强化对虚拟经济监管的基础上，推动国有经济向实体经济、高端制造业集中。五是加强国有资本对重要初级产品供给的支撑作用。我国的初级产品在高端农产品、矿产和能源等方面的供给仍存在紧平衡压力与结构性缺口，对外依存度高，农业初级产品供给并未展现出显著地区优势，对于初级产品中的资源类产品较少提及，对采矿业行业门类关注较少，初级产品国际定价权方面较为被动。一方面，要加强国有企业技术投入以提高农业综合生产能力。发挥国有企业的引领作用，推动国有经济与集体经济协同发展，提高农业现代化水平。另一方面，要明确重要能源资源国内生产自给的战略部署，加快油气等资源先进开采技术开发应用，发挥国有企业支撑托底作用；同时利用好国际市场做好资源储备。六是完善国有资本市场化退出机制。一方面，明确国有资本退出的规则和办法，利用好破产重整、债务重组等手段。另一方面，完善国有产权交易市场建设，防范产权交易风险，构建促进国有资本流动的多层次资本市场体系。

7.5　发挥国有资本投资公司和国有资本运营公司平台的积极作用

推动国有经济布局优化和结构调整需要深化国资监管体制改革，完善以管资本为主的国有资产监管体制。组建国有资本投资公司和国有资本运营公司是落实管资本为主的国资监管体制改革的重要举措，必须积极推进并切实发挥"两类公司"在国有经济布局优化和结构调整中的积极作用。一是明确国有资本投资公司和国有资本运营公司的职能定位。厘清"两类公司"与国资监管机构、出资企业之间的关系，按照"一企一策"原则，明确国有资产管理机构对"两类公司"的授权清单，以管资本为主有效落实国资监管机构与"两类公司"政企分开，推动"两类公司"与出资企业间形成以财务管控模式为主的管理模式，落实出资企业的市场化经营机制。二是要加快国有资本投资公司和国有资本运营公司的组建，通过重组整合、混合所有制改革和基金运作等方式，在重点行业领域积极推动国有资本重组优化，切实提高"两类公司"的投资和资本运营效率，推动国有资本的布局优化和结构调整。三是加强不同层级、不同地区间、不同行业中"两类公司"的统筹协调。推动不同区域、不同层级的"两类公司"根据行业特点建立有效的协调合作机制，具有产业链互补的"两类公司"加强上下游产业协同投资布局，不同区域、不同层级但所处行业相同的"两类公司"以共同投资、相互参股等方式加强区域合作，避免不同地区、不同层级国有资本的重复投资和同质竞争。符合条件的"两类公司"可以进一步整合成为全国性或区域性的投资公司或运营公司，统筹区域发展。四是建立完善"两类公司"的市场化经营机制,"两类公司"在进行投资和资本运营时,必须使市场在资源配置中起决定性作用,通过加强与民间资本的合作、完善中国特色现代企业治理机制等实现"两类公司"的市场化经营,依托市场机制提高国有资本的投资效率和资本运营水平。五是完善"两类公司"的考核评价体系,围绕具体功能定位和战略目标确定不同公司的考核重点,加强国有资本投资和资本运营成效的考核评价。针对国有资产投资公司的考核应以经济效益和社会效益双重考核为主,发挥投资对经济发展的促进和带动作用;针对国有资本运营公司的考核则主要以资本保值增值为核心,聚焦国有资本效益与效率,提升国有经济的整体效益和竞争力。

7.6 完善国有资本经营预算制度,做好国有经济发展规划

推动国有经济布局优化和结构调整是实现国家发展目标的重要支撑。国有资产作为全体人民的共同财富,其产生的国有资本收益是推动国有经济服务全体人民共同利益的重要抓手,需要在国有经济布局优化和结构调整中进一步发挥国有资本收益的战略指引作用,依托国有资本经营预算做好国有资本发展规划,更好地服务于国家发展战略需要。一是扩大国有资本收益的收取范围和收取比例,依托国有资本收益的收取推动国有资本从落后产业退出,对于战略性新兴产业则可以适当降低国有资本收益收取比例。二是完善国有资本经营预算支出管理。一方面,要依托国有资本经营预算做好国有资本布局优化和结构调整的总体把控,推动预算支出与国有企业自身资本性支出的统筹协调;另一方面,进一步扩大国有资本经营预算支出的带动作用,以成立政府性投资基金等方式带动更多社会资本参与国有经济布局优化和结构调整。三是依托国有资本经营预算的编制做好国有经济发展长期和短期规划,综合采用"1 + 3"滚动编制和 5 ~ 10 年长期国有资本

经营预算编制方式，做好国有资本短期运营规划和国有经济长期发展规划，促进国家宏观调控政策的实施并对接好国家中长期发展规划。四是做好国有资本经营预算与其他预算之间的衔接。一方面，加大财政资金对国有经济的支持力度，发挥好财政对国有经济布局优化和结构调整的支持作用；另一方面，依托国有资本经营预算推动国有资本收益通过补充财政资金不足、划转社保等方式更好服务国计民生。

7.7　加强国有资产监管，防止国有资产流失

国有经济布局优化和结构调整过程中，国有企业产权交易更加频繁，将不可避免地产生数额庞大的成本，前文统计结果显示，伴随着2014年国有企业从第三产业的大幅退出，国有资本总量甚至出现了下降的态势，鉴于此，加强国资监管的意义更加凸显。一是加强党的领导。完善国有企业中国特色现代企业制度，推动党的领导全面融入公司治理各个环节，发挥好党委"把方向、管大局、保落实"的作用，明确和落实党组织在公司法人治理结构中的法定地位，做到组织落实、干部到位、职责明确、监督严格。把加强党的领导和完善公司治理统一起来，明确党组织在企业党风廉政建设和反腐败工作中的主体责任和纪检机构的监督责任，推动健全党组织参与重大决策机制，强化党组织对企业领导人员履职行为的监督，确保企业决策部署及其执行过程符合党和国家方针政策、法律法规。二是重点围绕管好国有资本布局发挥更大作用。在明确国有经济布局优化和结构调整重点方向的基础上，监督好国有资本流向，确保国有资本投向重点产业和关键领域，加快调整和处置低端落后产能和行业，推动国有资本逐步从竞争力创新力弱、长期经营效益不佳的企业退出。三是加强对国有资本运营的监督，规范资本运作。加强对国有企业清产核资、资产评估、产权流转和上市公司国有股权管理等事项的管理，防止国有资产流失，"以资

本为纽带、以产权为基础依法自主开展国有资本运作。"① 四是加强法律法规体系建设，明确国有资产流失法律责任。建立国有资产流失的制度标准，对国有资产经营管理中的违法违规行为及其责任进行明确界定。依托违法违规行为对国有资产流失进行认定，根据违法违规行为造成的国有权益损失大小对相关责任主体进行追责。对于合法合规但国有资产权益发生损失的行为，应当归因为市场因素而不应纳入国有资产流失范畴，从而改变因重结果轻程序造成的国有资产流失治理的不合理现象，促进国有资产经营管理的行为合法合规，建立并不断完善结果容错机制。

---

① 《关于盘活行政事业单位国有资产的指导意见》，2022 年 11 月 1 日。

参 考 文 献

［1］白让让．供给侧结构性改革下国有中小企业退出与"去产能"问题研究［J］．经济学动态，2016（7）：65 - 74．

［2］本·法因等．重读《资本论》［M］．魏埙等译．济南：山东人民出版社，1993年，第95页。

［3］卞靖．未来15年中国粮食安全面临的主要风险及应对思路［J］．经济纵横，2019（5）：119 - 128．

［4］蔡万焕．国家、资本与劳动——社会主义市场经济下政府与市场关系辨析［J］．教学与研究，2017（10）：13 - 20．

［5］曹宇，李国煜，王嘉怡，方晓倩，孙凯颖．耕地非粮化的系统认知与研究框架：从粮食安全到多维安全［J］．中国土地科学，2022，36（3）：1 - 12．

［6］陈东琪，臧跃茹，刘立峰，刘泉红，姚淑梅．国有经济布局战略性调整的方向和改革举措研究［J］．宏观经济研究，2015（1）：3 - 17．

［7］陈玲，林泽梁，薛澜．双重激励下地方政府发展新兴产业的动机与策略研究［J］．经济理论与经济管理，2010，237（9）：50 - 56．

［8］陈温福，Hans - Joachim Braun，黄季焜，Emmanuel Okogbenin．种业创新发展，筑牢全球粮食安全屏障［J］．科技导报，2021，39（16）：65 - 70．

［9］戴长征，毛闰铎．从安全困境、发展安全到总体国家安全观——当代国家安全理念的变迁与超越［J］．吉林大学社会科学学报，2022，62（6）：29 - 44，231 - 232．

［10］董明放，韩先锋.研发投入强度与战略性新兴产业绩效［J］.统计研究，2016，33（1）：45－53.

［11］范剑勇，刘念，刘莹莹.地理距离、投入产出关系与产业集聚［J］.经济研究，2021，56（10）：138－154.

［12］方国柱，祁春节，贺钰.保障粮食和重要农产品有效供给的理论逻辑与治理机制——基于集体行动理论视角［J］.农业经济问题，2022（11），1－13.

［13］郭婧，马光荣.宏观经济稳定与国有经济投资：作用机理与实证检验［J］.管理世界，2019，35（9）：49－64，199.

［14］郭晓丹，宋维佳.战略性新兴产业的进入时机选择：领军还是跟进［J］.中国工业经济，2011，278（5）：119－128.

［15］韩超.战略性新兴产业政策依赖性探析——来自地方政府补贴视角的实证检验［J］.经济理论与经济管理，2014，287（11）：57－71.

［16］韩峰，柯善咨.追踪我国制造业集聚的空间来源：基于马歇尔外部性与新经济地理的综合视角［J］.管理世界，2012（10）：55－70.

［17］贺俊，吕铁.战略性新兴产业：从政策概念到理论问题［J］.财贸经济，2012，366（5）：106－113.

［18］贺正楚，吴艳，张蜜，文先明.我国生产服务业与战略性新兴产业融合问题研究［J］.管理世界，2012，231（12）：177－178.

［19］洪银兴，桂林.公平竞争背景下国有资本做强做优做大路径——马克思资本和市场理论的应用［J］.中国工业经济，2021（1）：5－16.

［20］洪银兴.以创新的理论构建中国特色社会主义政治经济学的理论体系［J］.经济研究，2016，51（4）：4－13.

［21］胡迟.国企改革：四十年回顾与未来展望［J］.经济纵横，2018（9）：18－27，2.

［22］胡海峰，胡吉亚.美日德战略性新兴产业融资机制比较分析

及对中国的启示 [J]. 经济理论与经济管理，2011，248（8）：62 - 74.

[23] 黄玲文，姚洋. 国有企业改制对就业的影响——来自 11 个城市的证据 [J]. 经济研究，2007（3）：57 - 69.

[24] 黄群慧. 国有经济布局优化和结构调整的三个原则 [J]. 经济研究，2020（1）：14 - 16.

[25] 黄群慧. 国有企业分类改革论 [J]. 经济研究，2022，57（4）：4 - 12.

[26] 黄群慧. 论新时期中国实体经济的发展 [J]. 中国工业经济，2017，354（9）：5 - 24.

[27] 黄群慧. 新发展格局的理论逻辑、战略内涵与政策体系——基于经济现代化的视角 [J]. 经济研究，2021，56（4）：4 - 23.

[28] 黄先海，张胜利. 中国战略性新兴产业的发展路径选择：大国市场诱致 [J]. 中国工业经济，2019，380（11）：60 - 78.

[29] 黄昕，平新乔. 行政垄断还是自然垄断——国有经济在产业上游保持适当控制权的必要性再探讨 [J]. 中国工业经济，2020（3）：81 - 99.

[30] 贾根良. 美国经济崛起时期自主创新的成功经验与启示 [J]. 教学与研究，2011，394（8）：53 - 60.

[31] 贾根良，杨威. 战略性新兴产业与美国经济的崛起——19 世纪下半叶美国钢铁业发展的历史经验及对我国的启示 [J]. 经济理论与经济管理，2012，253（1）：97 - 110.

[32] 贾根良. 中国应该走一条什么样的技术追赶道路 [J]. 求是，2014，619（6）：25 - 28.

[33] 江剑平，何召鹏，刘长庚. 论习近平国有企业改革发展思想的内在逻辑 [J]. 经济学家，2020（6）：5 - 15.

[34] 金晓燕，任广乾，罗新新. 双循环发展格局下国有企业高质量发展对策 [J]. 郑州大学学报（哲学社会科学版），2021，54（2）：55 - 61，127.

［35］李春顶，尹翔硕．我国出口企业的"生产率悖论"及其解释［J］．财贸经济，2009（11）：84－90，111，137．

［36］李红娟，刘现伟．优化国有资本布局的思路与对策［J］．宏观经济管理，2020（2）：29－34．

［37］李建平．认识和掌握社会主义市场经济三个层次的规律［J］．经济研究，2016，51（3）：30－32．

［38］李金华．中国战略性新兴产业空间布局现状与前景［J］．学术研究，2015，371（10）：76－84，160．

［39］李娟伟，任保平．新中国成立以来国有企业改革的历史阶段、理论逻辑及政策启示——基于马克思主义政治经济学视角［J］．当代经济研究，2022（4）：98－112．

［40］李鹏飞，杨丹辉，渠慎宁，张艳芳．稀有矿产资源的战略性评估——基于战略性新兴产业发展的视角［J］．中国工业经济，2014，316（7）：44－57．

［41］李系，刘学文，王勇．一个中国经济发展的模型［J］．经济学报，2014，1（4）：1－48．

［42］李晓华，刘峰．产业生态系统与战略性新兴产业发展［J］．中国工业经济，2013（3）：20－32．

［43］李颖，陈其慎，柳群义，邢佳韵，陆挺．中国海外矿产资源供应安全评价与形势分析［J］．资源科学，2015，37（5）：900－907．

［44］李政，周希禛．新时代增强国有经济创新力：理论内涵、现实意义、独特优势与实现路径［J］．马克思主义与现实，2022（5）：102－109．

［45］林晨，陈斌开．重工业优先发展战略对经济发展的长期影响——基于历史投入产出表的理论和实证研究［J］．经济学（季刊），2018，17（2）：825－846．

［46］林晨，夏明，张红霞．产业基本性与重点产业选择［J］．统计研究，2020，37（6）：93－05．

［47］林毅夫，巫和懋，邢亦青．"潮涌现象"与产能过剩的形成

机制 [J]. 经济研究, 2010, 45 (10): 4-19.

[48] 凌江怀, 胡雯蓉. 企业规模、融资结构与经营绩效——基于战略性新兴产业和传统产业对比的研究 [J]. 财贸经济, 2012, 373 (12): 71-77.

[49] 刘海洋, 林令涛, 戴美虹. 国有企业增进还是拖累社会就业? [J]. 南开经济研究, 2019 (2): 62-77.

[50] 刘华军, 石印, 郭立祥, 乔列成. 新时代的中国能源革命: 历程、成就与展望 [J]. 管理世界, 2022, 38 (7): 6-24.

[51] 刘华军, 王耀辉, 雷名雨. 中国战略性新兴产业的空间集聚及其演变 [J]. 数量经济技术经济研究, 2019, 36 (7): 99-116.

[52] 刘名远, 卓子凯. 福建省海洋战略性新兴产业发展路径研究 [J]. 发展研究, 2018 (11): 54-60.

[53] 刘瑞明, 石磊. 国有企业的双重效率损失与经济增长 [J]. 经济研究, 2010, 45 (1): 127-137.

[54] 刘现伟, 李红娟, 石颖. 优化国有资本布局的思路与策略 [J]. 改革, 2020 (6): 71-86.

[55] 刘志彪. 产业链现代化的产业经济学分析 [J]. 经济学家, 2019 (12): 5-13.

[56] 刘志彪, 姚志勇, 吴乐珍. 巩固中国在全球产业链重组过程中的分工地位研究 [J]. 经济学家, 2020 (11): 51-57.

[57] 刘志阳, 苏东水. 战略性新兴产业集群与第三类金融中心的协同演进机理 [J]. 学术月刊, 2010, 42 (12): 68-75.

[58] 陆国庆, 王舟, 张春宇. 中国战略性新兴产业政府创新补贴的绩效研究 [J]. 经济研究, 2014, 49 (7): 44-55.

[59] 吕政. 《中国培育发展战略性新兴产业跟踪研究》评介 [J]. 管理世界, 2019, 35 (4): 189.

[60] 马克思恩格斯文集 (第5卷) [M]. 北京: 人民出版社, 2009.

[61] 马克思恩格斯文集 (第8卷) [M]. 北京: 人民出版社, 2009.

[62] 马克思恩格斯文集 (第3卷) [M]. 北京: 人民出版社, 2009.

［63］马克思恩格斯文集（第1卷）［M］. 北京：人民出版社，2009.

［64］马克思. 资本论（第3卷）［M］. 北京：人民出版社，2004.

［65］马克思. 资本论（第2卷）［M］. 北京：人民出版社，2004.

［66］任保全，王亮亮. 战略性新兴产业高端化了吗？［J］. 数量经济技术经济研究，2014，31（3）：38－55.

［67］盛斌. 中国对外贸易政策的政治经济分析［M］. 上海：上海三联书店、上海人民出版社，2002.

［68］十五大以来重要文献选编（上）［M］. 北京：人民出版社，2000.

［69］舒欢. "互联网＋"时代核心技术群协同创新的综合动因与实现路径［J］. 江海学刊，2016（6）：96－100.

［70］孙久文，张皓. 新发展格局下中国区域差距演变与协调发展研究［J］. 经济学家，2021（7）：63－72.

［71］孙军，高彦彦. 产业结构演变的逻辑及其比较优势——基于传统产业升级与战略性新兴产业互动的视角［J］. 经济学动态，2012，617（7）：70－76.

［72］汤吉军. 市场失灵、国有企业与政府管制［J］. 理论学刊，2015（5）：34－40.

［73］万钢. 把握全球产业调整机遇，培育和发展战略性新兴产业［J］. 求是，2010（1）：28－30.

［74］王昌盛，周绍东. 基于区域分工的战略性新兴产业选择——以江苏为例［J］. 江苏社会科学，2014，272（1）：269－272.

［75］王江. 论中国战略性关键矿产资源安全的法律监管［J］. 中国人口·资源与环境，2021，31（11）：1－10.

［76］王静. 新发展格局下中国产业链供应链安全稳定战略的逻辑转换［J］. 经济学家，2021（11）：72－81.

［77］王开科. 我国战略性新兴产业"阶梯式"发展路径选择——基于马克思资源配置理论视角的分析［J］. 经济学家，2013，174（6）：21－29.

[78] 王钦，邓洲，张晶.“十三五”战略性新兴产业发展的政策选择——能力导向与机制创新 [J]. 北京师范大学学报（社会科学版），2017，260（2）：140 – 148.

[79] 王文举，陈真玲. 改革开放 40 年能源产业发展的阶段性特征及其战略选择 [J]. 改革，2018（9）：55 – 65.

[80] 王勇.“垂直结构”下的国有企业改革 [J]. 国际经济评论，2017（5）：9 – 28，4.

[81] 王宇，刘志彪. 补贴方式与均衡发展：战略性新兴产业成长与传统产业调整 [J]. 中国工业经济，2013，305（8）：57 – 69.

[82] 卫兴华，闫盼. 论宏观资源配置与微观资源配置的不同性质——兼论市场“决定性作用”的含义和范围 [J]. 政治经济学评论，2014，5（4）：3 – 14.

[83] 魏旭，谭晶. 资本积累、空间修复与产业转移 [J]. 经济学家，2016（8）：5 – 10.

[84] 巫强，刘蓓. 政府研发补贴方式对战略性新兴产业创新的影响机制研究 [J]. 产业经济研究，2014（6）：41 – 49.

[85] 吴宣恭. 坚持和完善社会主义初级阶段的基本经济制度 [J]. 政治经济学评论，2016，7（4）：10 – 14.

[86] 习近平. 习近平谈治国理政（第 1 卷）[M]. 北京：外文出版社，2018.

[87] 习近平. 正确认识和把握我国发展重大理论和实践问题 [J]. 求是，2022（6）.

[88] 席强敏. 企业迁移促进了全要素生产率提高吗？——基于城市内部制造业迁移的验证 [J]. 南开经济研究，2018（4）：176 – 193.

[89] 项安波. 重启新一轮实质性、有力度的国企改革——纪念国企改革 40 年 [J]. 管理世界，2018，34（10）：95 – 104.

[90] 肖兴志，姜晓婧. 战略性新兴产业政府创新基金投向：传统转型企业还是新生企业 [J]. 中国工业经济，2013，298（1）：128 – 140.

［91］谢伏瞻.新中国 70 年经济与经济学发展 ［J］.中国社会科学，2019（10）：5－22，204－205.

［92］邢红萍，卫平.中国战略性新兴产业企业技术创新行为模式研究——基于全国七省市企业调查问卷 ［J］.经济学家，2013，172（4）：56－65.

［93］薛暮桥.中国社会主义经济问题研究 ［M］.北京：人民出版社，1979.

［94］杨红丽，陈钊.外商直接投资水平溢出的间接机制：基于上游供应商的研究 ［J］.世界经济，2015，38（3）：123－144.

［95］杨励，刘美珣.国有企业的特殊性与我国国有企业的布局定位 ［J］.清华大学学报（哲学社会科学版），2003（2）：16－20.

［96］杨瑞龙.马克思主义中国化的新成果——关于习近平对政府与市场关系的论述的研究 ［J］.经济理论与经济管理，2022，42（4）：4－11.

［97］杨瑞龙.新时代深化国有企业改革的战略取向——对习近平总书记关于国有企业改革重要论述的研究 ［J］.改革，2022（6）：10－19.

［98］叶永卫，张磊.混合所有制改革有助于稳就业？——基于国有资本进入与民营企业就业吸纳能力的讨论 ［J］.产业经济研究，2022（2）：57－70.

［99］余淼杰，金洋，张睿.工业企业产能利用率衡量与生产率估算 ［J］.经济研究，2018，53（5）：56－71.

［100］余振，李春芝，吴莹.武汉战略性新兴产业发展的金融支持：基于共同集聚视角的分析 ［J］.武汉大学学报（哲学社会科学版），2012，65（6）：107－111.

［101］袁东明，袁璐瑶.国有企业改革：成就、经验与建议 ［J］.经济纵横，2019（6）：21－28，2.

［102］曾庆生，陈信元.国家控股、超额雇员与劳动力成本 ［J］.经济研究，2006（6）：74－86.

［103］詹新宇，方福前．国有经济改革与中国经济波动的平稳化［J］．管理世界，2012（3）：11－22，187．

［104］张航燕．国有经济布局优化的成效与调整取向［J］．河北经贸大学学报，2021，42（5）：54－60．

［105］张杰．中国产业结构转型升级中的障碍、困局与改革展望［J］．中国人民大学学报，2016，30（5）：29－37．

［106］张敏，黄继承．政治关联、多元化与企业风险——来自我国证券市场的经验证据［J］．管理世界，2009（7）：156－164．

［107］张蕊．战略性新兴产业企业业绩评价问题研究［J］．会计研究，2014，322（8）：41－44，96．

［108］张宇．论公有制与市场经济的有机结合［J］．经济研究，2016，51（6）：4－16．

［109］张宇．努力探索和完善中国特色社会主义政治经济学理论体系［J］．政治经济学评论，2017，8（2）：3－12．

［110］张越，封伟毅，李志欣．战略性新兴产业双元创新协同性影响研究［J］．经济纵横，2021（8）：96－105．

［111］张志华，赵波．战略性新兴产业促进区域经济转型升级的机制与路径——以江苏物联网产业为例［J］．江苏社会科学，2017，292（3）：266－272．

［112］赵学军．"156项"建设项目对中国工业化的历史贡献［J］．中国经济史研究，2021（4）：26－37．

［113］中共中央文件选集（一九四九年十月——一九六六年五月）（第24册）［M］．北京：人民出版社，2013．

［114］中共中央文献研究室．十五大以来重要文献选编（中）［M］．北京：人民出版社，2001．

［115］中共中央宣传部．习近平总书记系列重要讲话读本［M］．北京：人民出版社，2014．

［116］中国共产党第十七次全国代表大会文件汇编［M］．北京：人民出版社，2007．

[117] 中国社会科学院工业经济研究所课题组，黄群慧，黄速建．论新时期全面深化国有经济改革重大任务 [J]．中国工业经济，2014（9）：5－24．

[118] 中央文献研究室．十八大以来重要文献选编（上）[M]．北京：中央文献出版社，2014．

[119] 中央文献研究室．十八大以来重要文献选编（中）[M]．北京：中央文献出版社，2016．

[120] 周晶．战略性新兴产业发展现状及地区分布 [J]．统计研究，2012，29（9）：24－30．

[121] 朱永芃．在发展战略性新兴产业中积极作为 [J]．求是，2011，558（17）：43－45．

[122] 诸竹君，宋学印，张胜利，陈丽芳．产业政策、创新行为与企业加成率——基于战略性新兴产业政策的研究 [J]．金融研究，2021，492（6）：59－75．

[123] Akamatsu, K. (1962). A historical pattern of economic growth in developing countries. *The Developing Economies*, 1, 3－25.

[124] Antràs, P., Chor, D., Fally, T., & Hillberry, R. (2012). Measuring the upstreamness of production and trade flows. *American Economic Review*, 102 (3), 412－16.

[125] Asplund, M. & Nocke, V. (2006). Firm turnover in imperfectly competitive markets. *The Review of Economic Studies*, 73 (2), 295－327.

[126] Baldwin, R. E. & Okubo, T. (2006). Heterogeneous firms, agglomeration and economic geography: Spatial selection and sorting. *Journal of Economic Geography*, 6 (3), 323－346.

[127] Brandt, L., Van Biesebroeck, J. & Zhang, Y. (2012). Creative accounting or creative destruction? Firm-level productivity growth in Chinese manufacturing. *Journal of Development Economics*, 97 (2), 339－351.

［128］Brülhart, M. & Mathys, N. A. (2008). Sectoral agglomeration economies in a panel of European regions. *Regional Science and Urban Economics*, 38 (4), 348 – 362.

［129］Brown, L. R. (1994). Who will feed China. *World Watch*, 7 (5), 10 – 19.

［130］Ciccone, A. & Hall, R. E. (1996). Productivity and the density of economic activity. *American Economic Review*, 86 (1), 54 – 70.

［131］Devereux, M. P. & Griffith, R. (1998). Taxes and the Location of Production: Evidence from a Panel of US Multinationals. *Journal of Public Economics*, 68 (3), 335 – 367.

［132］Dewenter, K. L. & Malatesta, P. H. (2001). State-owned and privately owned firms: An empirical analysis of profitability, leverage, and labor intensity. *American Economic Review*, 91 (1), 320 – 334.

［133］Ehrlich, I. , Gallais – Hamonno, G. , Liu, Z. & Lutter, R. (1994). Productivity growth and firm ownership: An analytical and empirical investigation. *Journal of Political Economy*, 102 (5), 1006 – 1038.

［134］Fujita, M. , Krugman, P. R. & Venables, A. (2001). *The spatial economy: Cities, regions, and international trade.* MIT press.

［135］Fukuyama, F. (2014). *State-building.* In State – Building. Cornell University Press.

［136］Grossman, G. M. & Helpman, E. (1990). Comparative advantage and long-run growth, *American Economic Review*, 1990, 80 (4), 796 – 815.

［137］Hanson, G. H. (2005). Market potential, increasing returns and geographic concentration. *Journal of International Economics*, 67 (1), 1 – 24.

［138］Head, C. K. , Ries, J. C. & Swenson, D. L. (1999). Attracting foreign manufacturing: Investment promotion and agglomera-

tion. Regional Science and Urban Economics, 29 (2), 197 – 218.

[139] Head, K. & Mayer, T. (2004). Market potential and the location of Japanese investment in the European Union. *Review of Economics and Statistics*, 86 (4), 959 – 972.

[140] Helsley, R. W. & Strange, W. C. (2007). Agglomeration, opportunism, and the organization of production. *Journal of Urban Economics*, 62 (1), 55 – 75.

[141] Henderson, J., Dicken, P., Hess, M., Coe, N. & Yeung, H. W. C. (2002). Global production networks and the analysis of economic development. *Review of International Political Economy*, 9 (3), 436 – 464.

[142] Kirkegaard, J. F. (2008). Offshoring, outsourcing and production relocations—labor market effects in the OECD and developing Asia. *The Singapore Economic Review*, 53 (3), 371 – 418.

[143] Kojima, K. (2000). The "flying geese" model of Asian economic development: Origin, theoretical extensions, and regional policy implications. *Journal of Asian Economics*, 11 (4), 375 – 401.

[144] Kolodko, G. W. (2014). *Market Versus Government in an Age of Globalization*. In Whither the World: The Political Economy of the Future (pp. 119 – 157). Palgrave Macmillan, London.

[145] Krugman, P. (1991). Increasing returns and economic geography. *Journal of Political Economy*, 99 (3), 483 – 499..

[146] Melitz, M. J. (2003). The impact of trade on intra-industry reallocations and aggregate industry productivity. *Econometrica*, 71 (6), 1695 – 1725.

[147] Vernon, R. (1966). International investment and international trade in the product cycle, *Quarterly Journal of Economics*, 80 (2), 190 – 207.

[148] Vlachou, A. & Christou, G. K. (1999). *Contemporary eco-*

nomic theory: *Some critical issues.* In Contemporary Economic Theory (pp. 1 – 37). Palgrave Macmillan, London.

[149] Zhao, X. & Yin, H. (2011). Industrial relocation and energy consumption: Evidence from China. *Energy Policy*, 39 (5), 2944 – 2956.